KB205766

땅에서 하늘을 산 사람들

세움북스는 기독교 가치관으로 교회와 성도를 건강하게 세우는 바른 책을 만들어 갑니다.

땅에서 하늘을 산 사람들
교회사에서 만난 12명의 예수의 사람들

초판 1쇄 인쇄 2023년 3월 25일
초판 1쇄 발행 2023년 3월 30일

지은이 ┃ 배덕만
펴낸이 ┃ 강인구

펴낸곳 ┃ 세움북스
등 록 ┃ 제2014-000144호
주 소 ┃ 서울특별시 종로구 대학로 19 한국기독교회관 1010호
전 화 ┃ 02-3144-3500
팩 스 ┃ 02-6008-5712
이메일 ┃ cdgn@daum.net

디자인 ┃ 참디자인

ISBN 979-11-91715-74-3 (03230)

땅에서
하늘을 산
사람들

배덕만 지음

교회사에서 만난
12명의 예수의 사람들

God's People on Earth

세움북스

God's People on Earth

추천사

역사 신학자가 2천 년 기독교회 역사에 커다란 발자국을 남긴 열두 분을 골랐습니다. 하나님 나라의 확장을 위해 수고한 기준으로 선택된 분들입니다. 어떤 독자에게는 낯선 이름도 있을 것 같습니다. 선택 기준에 이의를 제기할 분도 있겠습니다. 이 책이 어느 교단의 월간지(활천)에 연재한 글에서 유래했다는 점과 따라서 부득불 인물 선택의 여지에 제한이 있을 수밖에 없었다는 점을 이해해야 할 겁니다. 하기야 예수님의 열두 제자들도 우리 맘에 들지 않을 텐데 하물며 오죽하겠습니까. 하지만 부족하기 그지없는 열두 제자를 사용하여 하나님의 나라 확장을 이루시는 하나님이시라면, 교회 역사에서 구름 같은 증인들을 일으켜 하나님의 나라 확장과 도래를 위해 사용하신 일에 우리는 겸손하게 감사하고 감상해야 할 것입니다.

저자 배덕만 교수는 제자도와 하나님 나라에 자신의 신학의 초점을 맞추며 기독교 역사와 교회사를 연구하는 역사 신학자입니다. 그가 선별한 열두 명이 기독교 역사에 미친 공헌과 업적, 빛과 그림자를 소개함으로써 하나님은 어떻게 어떤 방식으로 그들을 사용하셨는지, 그들을 통해 어떻게 하나님 나라가 이 땅에 실현되도록 애를 쓰셨는지, 그 흔적들을 뒤돌아보게 합니다. 선별된 인물들은 교부 시대에서 3명(성 안토니우스, 요한네스 크리스토무스, 교황 그레고리오

1세), 중세 시대에서 2명(아시시의 프란치스코, 얀 후스), 종교개혁 시대에서 3명(바르톨로메 데 라스 카사스, 메노 시몬스, 프란치스코 하비에르), 17세기 이후에서 현대까지 4명(조지 폭스, 존 웨슬리, 에이미 샘플 맥퍼슨, 마틴 루터 킹 2세)입니다.

열두 인물을 통해 배우는 기독 교회사라고 하면 지나친 말일까요? 그럴 수도 있습니다. 하지만 선택된 열두 분은 당대에 그들이 직면했던 거대한 시대적 흐름에 때로는 저항하기도, 때로는 뒤로 물러나기도, 때로는 기도와 명상으로 극복하면서 다양한 방식으로 그들 나름 하나님 나라를 위해 열정적으로 삶을 불태웠던 하나님의 사람들이었습니다. 모두 이 땅에 살면서 하늘을 살아 내려고 애를 쓴 사람들이었습니다. 이들 역시 히브리서 11장의 신앙의 전당에 헌정될 만한 분들입니다. 그런 분들을 저자가 우리에게 소개하고 있습니다. 재미있습니다. 흥미진진합니다. 새롭게 배우는 것이 많습니다. 그들의 이야기를 오늘 우리의 삶과 신앙에 대입하여 읽도록 안내합니다. 인물 선정에만 신경을 쓰지 마시고 그분들의 인생 역정과 시대상, 신앙과 삶의 합일성에 대해 깊이 생각하는 기회로 삼으면 좋을 것 같습니다. 매 장 끝에는 "생각 나눔" 항을 두어 공동체를 토론의 장으로 초대합니다.

류호준 교수 _ 현, 한국 성서대학교 초빙교수, 전 백석대학교 신학대학원 교수

저자는 땅에 하나님 나라를 세운 교회사의 인물 12명을 소개합니다. 그래서 이 책은 하나님 나라의 현재성을 중시합니다. 저자는 12명을 전적으로 미화하지 않으려고 주의하면서 사막 교부, 예수회, 천주교, 종교개혁가, 재세례파, 퀘이커교도, 감리교도, 그리고 오순

절파의 인물을 소개합니다. 인물의 행적과 사상은 독자들마다 각기 다를 수 있기에, 독자는 저자의 해석에 동의할 수도, 혹은 그렇지 않을 수도 있습니다. 그러나 동의하든 동의하지 않든 우리는 이 땅에서 하나님 나라를 세워 갔던 그들의 생으로부터 배울 것이 많습니다.

저자는 성경과 성령과 믿음의 용기로 혁신을 시도한 12명을 소개함으로써, 종종 형식주의와 교리주의, 그리고 기복주의에 빠진 한국 교회 지도자들의 행태를 비판합니다. 이를 통해 저자는 그리스도인의 실천적 신앙과 교회의 진정한 개혁과 부흥을 염두에 두는 듯합니다. 본서는 공동선과 공공성을 회복해야 하는 숙제를 떠안은 한국 교회에 교회사적 안목과 교훈을 되짚어 보며 실제적인 교훈을 얻도록 도전합니다. 저자의 전문적인 필치(筆致)는 독자로 하여금 내용에 집중하도록 만들어 책 한 권을 단숨에 읽도록 만듭니다.

송영목 교수 _ 고신대학교 신학과 신약학 교수

───◆◉◆───

"지혜로운 자는 역사를 통해서 배우지만, 어리석은 자는 경험하고서야 배운다."라는 말이 있습니다. 이 책을 통해 교회사 속 12명의 인물을 만나 그들의 업적과 사상, 통찰과 시사점을 종합 선물 세트로 받는 것은 커다란 특권이 아닐 수 없습니다. 이 책의 세 가지 장점을 꼽는다면,

첫째, 균형을 줍니다. 초대 교회 교부로 시작해서 로마 가톨릭, 재세례파, 종교개혁가, 퀘이커, 감리교, 오순절, 침례교에 이르기까지 폭넓은 신앙의 유산을 균형 있게 소개합니다. 그럼으로써 비교적 장로교에 친숙한 한국 독자들이 영적 거장들의 숲에서 자신의 좌표를 겸허히 확인하고, 풍성한 하나님 나라 지평을 전망하도록 안내합니다.

둘째, 위로를 줍니다. '위인전'은 그 자체가 주는 엄청난 유익이 있음에도 불구하고 두 가지 약점에 노출되어 있습니다. 주인공이 지나치게 영웅시되거나, 그로 인해 독자에게 '가까이 하기엔 너무 먼 당신'으로 책을 덮게 될 공산이 크다는 것이지요. 저자는 각 인물의 기여와 장점뿐 아니라 한계와 비판을 공정하게 다룸으로써 이 지점을 극복해 갑니다. 영적 침체와 무절제한 과음에 빠졌던 조지 폭스, 우울증과 세 번의 결혼 스캔들로 힘들어했던 에이미 '누나', 불행한 결혼 생활과 조직 내 갈등과 분열의 중심에 선 웨슬리의 이야기는 평범한 우리에게 공감과 위로를 안겨 줍니다. 그래서 위인의 대단함이 아니라, 위인의 연약함 마저 합력하여 사용하시는 하나님의 은혜와 권능을 주목하게 합니다.

셋째, 실천적 적용점을 줍니다. 기독교가 지탄받는 오늘을 사는 그리스도인이 일상에서 주를 위해 손해를 보고, 약자를 돌아보며, 좁은 제자의 길을 따름으로 땅에서 하늘을 살도록 친절히 인도합니다. 얇은 책이지만, 시간이 부족하거나 좀처럼 독서에 흥미를 갖지 못하는 독자라면 각 장의 마지막 "생각 나눔" 부분만 먼저 읽어 가도 좋을 듯합니다. 수백 년의 시간을 뛰어넘어 여전히 삶으로 웅변하는 메시지가 가슴을 때리고, 명목상의 신자를 넘어 실천적 제자로 살도록 용기를 북돋아 주는 책입니다. 일독을 권합니다.

황경철 목사 _ CCC선교사, 조직신학 박사

Contents
목차

Introduction
서론

제자도, 교회사, 그리고 하나님 나라

고등학교 2학년 국사 시간에 선생님께서 뜬금없이 제게 이런 질문을 하셨습니다. "덕만아, 네가 제일 좋아하는 성경 구절은 뭐니?" 저는 이미 학교에서 광신도로 소문이 자자했고, 어떤 선생님은 저를 심지어 '새끼 목사'라고 부르며 놀리기도 했었습니다. 국사 선생님이 왜 그런 질문을 하셨는지는 알 수 없지만, 저는 주저 없이 누가복음 6장 46절을 암송했습니다. "너희는 어찌하여 나더러 '주님, 주님!' 하면서도, 내가 말하는 것은 실행하지 않느냐?" 암송을 마치자 선생님은 묘한 표정을 지으시며 말씀하셨습니다. "전혀 예상 밖이구나. 대부분은 시편 23편 같은 것을 좋아하던데…. 그런 구절을 좋아하다니, 참 특이하다."

저도 그때 그 구절이 제 입에서 나올 줄은 미처 몰랐습니다. 하지만 저의 신앙이 조금씩 진지해지면서 어느샌가 그 구절이 제게 강렬한 인상을 남긴 것 같습니다. 그리고 30년이 훨씬 더 지난 오늘까지 비슷한 구절들이 제게 울림을 줍니다. 심지어, 몇 년 전에 누가복음 5장 1-11절을 토대로 제자도에 관한 책까지 썼습니다. 이처럼 제자도는 제가 그리스도인이 된 이후 가장 먼저 마음에 담은 성경의 진리요 신앙의 목표였습니다. '입으로만 예수를 믿지 않고 삶으로 예수를 따르는 사람이 되고 싶다.'라는 꿈을 꾸면서 말입니다.

하지만 어려서 품었던 당찬 꿈은 얼마 지나지 않아 허망하게 깨지고 말았습니다. 먼저, 성경을 읽으면서 질문들이 꼬리를 물고 터져 나왔습니다. 성서무오설을 절대적으로 신봉하던 환경에서 자랐지만, 어느 순간 창세기를 문자적으로 읽으면서 기독교의 기본 교리를 이해하는 것이 점점 더 불편해졌습니다. 성경 공부 시간에 선생님들께 질문 세례를 퍼부었지만 속시원한 답변을 거의 듣지 못했습니다. 동시에, 교회에서 어른들의 이해할 수 없는 행동들을 목격하면서, 또한 80년대 말 민주화 운동 시절에 교회와 세상 간의 지극한 간격을 감지하면서 개인적으로 큰 혼란을 겪었습니다. 게다가 대학에서 종교다원주의와 마르크스주의를 접하면서 제자도는 고사하고 저의 신앙 자체가 무너지고 말았습니다. 제가 들었던 모든 것이, 특히 성경과 교리와 설교가 거짓말, 말장난, 위선과 기만으로 보였기 때문입니다.

그러던 어느 날 성 아우구스티누스(Augustinus)에 대해 읽었습니다. 기독교 2000년 역사에서 최고의 천재이자 기독교 신학의 토대를 마련한 교회사의 거인이지요. 하지만 그도 오랫동안 비기독교인, 심지어 반기독교인이었고, 치열한 지적·영적 갈등을 통과한 후 극적으로 회심했습니다. 이후 그는 계시와 믿음의 빛 아래서 수도사적 삶을 실천하며 신과 역사를 이해하기 위해 일평생 몸부림쳤습니다. 저는 아우구스티누스의 생애와 사상을 공부하면서 제 자신이 부끄러웠습니다. 그런 영웅이 스스로 무릎 꿇은 하나님, 그런 천재도 평생 탐구했던 하나님을 겨우 20대 초반의 '애송이'가 함부로 판단하고 정죄했음을 자각했기 때문입니다. 그래서 교회사 공부를 본격적으로 시작했습니다. 헤겔(Hegel)이 주장했던, "신이 자신을 구현한 성스러운 시공간"으로서의 역사는 제게 너무 광대했습니다. 대신, 저보다 먼저 하나님을 알기 위해 일생 동안 분투했던 정직한 인간들의 '실존적 현장'으로서 역사를 더듬고 싶었습니다. 그렇게 저는 교회사 전공자가 되었습니다.

그런 개인적 고민에서 신학과 역사를 공부하게 되었지만, 박사 과정을 거치고 한국에서 '성서한국'을 만나면서 저는 기독교, 특히 구원과 천국을 새로운 관점에서 이해하게 되었습니다. 먼저, 저는 그동안 제가 성장한 교회와 교육받은 신학이 철저하게 '영육 · 성속이원론'에 근거한 것임을 발견했습니다. 하지만 인간의 육신은 결코 영혼의 감옥이 아니며, 하나님 나라는 사후에 영혼이 도달하는 천상의 영역도 아닙니다. 구원은 개인의 영혼이 아닌 인간 존재 자체, 그리고 사회와 생태계를 포함한 '만물의 회복'이지요. 따라서 온전한 신학은 인간에 대한 통전적 이해와 구원에 대한 포괄적 접근을 동시에 추구해야 합니다. 공동체로서 교회와 개인으로서 그리스도인 모두가 이 땅에서 하나님 나라의 실현과 온전한 구원을 앙망해야 합니다. 이 모든 것의 중심에 그리스도의 성육신과 십자가 죽음, 그리고 육체적 부활과 재림 신앙이 자리합니다. 그렇게 이 땅에서 실현될 하나님 나라는 저의 신앙과 신학을 또 한 번 거듭나게 했습니다. 동시에, 지금 이 땅에서 그리스도의 제자요 신학자로 사는 이유를 분명히 깨닫게 했습니다. 이처럼, 제자도와 교회사, 그리고 하나님 나라는 저의 신앙과 목회, 그리고 학문에 지대한 영향을 끼쳤으며, 현재에도 변함없이 진행 중입니다.

최종태 선생님과 「활천」

벌써 3년의 시간이 흘렀습니다. 기독연구원 느헤미야에 입학한 최종태 선생님이 제 연구실을 찾아오셨던 날 이후로 말입니다. 최 선생님은 의사로서 호스피스 사역을 하시다가 적지 않은 나이에 기독연구원 느헤미야의 신학 연구 과정을 시작하셨습니다. 아직 서로에 대해 충분한 정보나 인간관계도 형성되기 전이었지만, 최 선생님이 저를 찾아와 꺼내신 이야기는 제게 당혹스러움과 흥분을 동시에 안겨 주었습니다. "교수님. 느헤미야 교수님들이 하나님 나라를 매우 강조하시는데, 하나님 나라가 이 땅에 실현된 적이 있습니까? 만약 그런 적이 있다면, 그 역사를 정리해서 책으로 써주실 수 있으실까요? 제가 연구비를 지원하겠습니다."

매우 도발적인 이야기요 황당한 제안이었습니다. 하나님 나라가 이 땅에서 실현되었으면 세상과 교회가 이 모양이겠습니까? 하지만, 저는 그 질문이 매우 흥미롭고 감사했습니다. 그 질문을 통해, 제 안에서 하나님 나라에 대한 열망과 저에 대한 개인적 신뢰를 감지할 수 있었기 때문입니다. 그래서 저는 이렇게 대답했습니다. "저는 아직 이 땅에 하나님 나라가 온전히 실현되었다고 생각하지 않습니다. 그래서 선생님이 요청하신 책은 쓸 수 없습니다. 하지만 하나님 나라의 실현을 위해 생애를 바쳤던 사람들은 적지 않았지요. 그러므로 그분들에 대한 글은 쓸 수 있을 것 같습니다. 최악의 상황에서도 그 나라를 앙망하며 끝까지 주님의 제자로 살았던 그리스도인들의 이야기 말입니다." 저의 제안에 최 선생님도 흔쾌히 동의하셨고, 그 순간 저에게는 무거운 짐이 주어졌습니다.

하지만 도무지 끝나지 않는 분주한 일정 때문에, 약속한 글을 쓰는 것이 쉽지 않았습니다. 예상치 못한 '급한 작업들' 때문에 정작 '중요한 약속'이 계속 뒤로 밀린 것입니다. 그렇게 1년이 지났습니다. 단 한 줄도 쓰지 못한 채 말입니다. 시간은 계속 확보되지 못했고, 마음의 부담은 점점 더 커졌습니다. 그러던 어느 날 기독교대한성결교회의 교단지인 「활천」에서 제게 1년간 연재를 요청했습니다. 평소 존경하는 교단 선배이시고 「활천」사 사장이신 최준연 목사님의 특별한 배려와 요청이었기에, 쉽게 거절할 수 없었습니다. 당시 상황으로 1년간 잡지에 연재하는 것은 현실적으로 거의 불가능한 부담이었습니다. 하지만 글의 주제를 제가 결정할 수 있다는 제안에, 이번이야말로 최 선생님과의 약속을 지킬 수 있는 마지막 기회라고 판단했습니다. 이처럼 강제적인 상황이 아니라면, 결코 별도의 시간을 내어 글을 쓰지 못할 것이 자명했기 때문입니다.

그렇게 해서 2021년 1월부터 1년 동안 「활천」에서 "하나님 나라를 산 사람"이라는 제목하에 연재가 시작되었습니다. 먼저, 교회사에서 열두 명의 인물을 선정했습니다. 가능하면 그동안 상대적으로 덜 주목받았던, 하지만 오늘날 새롭게 조명될 가치가 있는 인물들을 주로 소개하고 싶었습니다. 1세기부터 20세기까지 연대기적 순서에 따라 다양한 국가와 민족, 계급과 사역, 인종과 성별을 고려했습니다. 그리고 각 인물의 생애를 서술할 때, 최대한 객관적인 거리를 유지하면서 그들의 업적과 한계, 빛과 그림자를 서술하려고 주의했습니다. 그들의 공헌과 가치를 충실히 소개하되, 그들도 유한한 인간이었음을 분명히 밝히고 싶었기 때문입니다. 해당 인물에 대한 서술을 마무리한 후, 각자가 이 시대 그리스도인들에게 주는 교훈과 도전을 각 장의 결론처럼 간략히 언급했습니다. 그리고 독자들이 개인적으로 혹은 모임에서 숙고하고 토론할 질문들도 각 장 끝에 덧붙였습니다. 처음부터 목회자와 교인들을 대상으로 글을 썼기 때문에, 각주는 설명이 필요했던 몇 경우를 제외하고는 달지 않았습니다.

그렇게 선택한 열두 명은 성 안토니우스, 요한네스 크리소스토무스, 교황 그레고리오 1세, 아시시의 프란치스코, 얀 후스, 메노 시몬스, 바르톨로메 데 라스 카사스, 프란치스코 하비에르, 조지 폭스, 존 웨슬리, 에이미 샘플 맥퍼슨, 마틴 루터 킹 2세입니다. 물론, 이들이 교회사에서 하나님 나라의 실현을 위해 수고한 최고의 인물들도, 심지어 유일한 사람들도 아닙니다. 그래서 12명을 선정하는 일이 쉽지 않았으며, 선택의 결과도 완벽했다고 자신할 수 없습니다. 나름의 기준을 세우고 공정한 선택을 시도했지만, 그럼에도 저의 개인적인 관점과 기준이 크게 작용했음을 부인할 수 없습니다. 고민 끝에 한국인들은 제외시켰습니다. 마지막까지 몇 사람을 포함하려다, 차후에 한국인들로 구성된 별도의 책을 쓰기로 하고 이번에는 단념했습니다. 또한, 비서구권 사람과 여성의 비율이 턱없이 부족합니다. 이것은 저를 포함한 교회사가들이 극복해야 할 학문적·문화적 한계요 과제입니다. 이런 한계를 극복한 책도 꼭 쓰고 싶습니다.

열두 명의 사람들

이 책은 총 12명의 그리스도인을 소개합니다. 이 땅에서 하늘을 추구하며, 각자의 시대와 자리에서 예수의 제자로서 치열하게 살아간 사람들입니다. 먼저, 첫 3장은 교부 시대(1-4세기)의 인물들을 다룹니다. 첫 번째 인물은 동방수도원 운동의 역사를 본격적으로 시작한 이집트 출신의 성 안토니우스(Antony the Great, 251-356)입니다. 그는 청년 시절에 성경을 통해 예수의 부르심을 깨닫고 일생 수사(修士)의 삶을 살면서 수도원 운동의 토대를 놓았습니다. 말씀을 묵상하고 욕망과 씨름한 결과, 이집트 사막을 수도원의 도시로 변화시켰습니다. 두 번째 인물은 "황금의 입"으로 기억되는 요한네스 크리소스토무스(Johannes Chrysostomus, 349-407)입니다. 그는 역사상 최고의 설교자 중 한 명으로 기억됩니다. 하지만 보다 더 중요한 것은 그가 제국의 수도 콘스탄티노플(Constantinople)에서 타락한 황실과 교회 권력자들에게 예언자적 메시지를 담대히 선포한 것입니다. 그 결과, 그는 부귀와 권세가 보장된 자리에서 박해와 유배의 바닥으로 추락했습니다. 하지만 그의 숭고한 생애는 오늘날까지 기억되고 있습니다. 제3장의 주인공은 교황 그레고리오 1세(Papa Gregorio I, 540-604)입니다. 그는 서로마 제국이 게르만족에게 무참히 붕괴되던 시대에 교황직에 올랐습니다. 이후 그는 행정가와 외교관으로서, 그리고 신학자와 개혁자로서 초기 서방 교회를 파멸에서 구하고 교회 발전의 토대를 놓았습니다. 역사상 '대(the Great)'라는 칭호를 받은 두 명의 교황 중 한 명이자, 종교개혁자들의 존경을 받은 유일한 교황입니다.

이어지는 두 장에서는 중세(5-15세기) 인물들을 다뤘습니다. 먼저 살펴볼 사람은 프란치스코회의 설립자요 교회사에서 가장 예수님을 닮았다고 평가되는 아시시의 프란치스코(Francesco d'Assisi, 1181-1226)입니다. 가난을 실천하며 도시인들에게 삶으로 복음을 전파했으며, 온몸에 성흔(聖痕)이 나타나기까지 기도에 전념했던 성인입니다. 제5장의 주인공은 루터의 종교개혁을 예비했던 보헤미아의 개혁자 얀 후스(Jan Hus, 1371-1415)입니다. 그는 독일의 강력한 영향력 아래 있던 보헤미아에서 대학 교수와 설교자로서 고유한 민족의 언어로 백성을 깨우고 부패한 교회를 개혁했습니다. 비록 교권의 억압과 기만 속에 화형대에서 생을 마감했지만, 100년 후에 만개할 종교개혁의 씨를 뿌렸습니다.

다음은 종교개혁 시대(16세기)의 인물 세 사람을 조명합니다.

평화적 재세례파(재침례파) 운동을 견인했던 메노 시몬스는 가톨릭 사제에서 재세례파 지도자로 변신한 인물입니다. 유아세례와 평화주의를 성경적 가치로 확신하고 가르친 결과, 남은 생애 대부분을 가톨릭과 주류 종교개혁 양측으로부터 살해 위협을 받으며 유럽 전역을 떠돌아야 했습니다. 하지만 그의 정신과 삶을 이어 가는 메노나이트(Mennonite)들은 지금도 불신과 폭력의 세상 한복판에서 그리스도의 제자도를 가장 철저하게 실천하고 있습니다. 그다음은 라틴 아메리카에서 원주민들의 인권을 위해 평생을 헌신한 도미니크회 수사(修士)요 사제인 바르톨로뮤 데 라스 카사스(Bartolomé de las Casas, 1484-1566)입니다. 한때 그 자신이 식민지 개척자요 노예 소유주였으나, 성경을 통해 자신의 오류를 깨달았습니다. 이후 동족의 반대와 매국노라는 비난까지 무릅쓰며 원주민들의 부당한 대우와 억압에 저항했습니다. 그리고 제8장에서 만날 인물은 예수회 선교사 프란치스코 하비에르(Francisco Javier, 1506-1552)입니다. 그는 예수회 설립자 중 한 명으로서 인도양을 관통하여 아시아 선교를 개척했습니다. 상상을 초월하는 난관들을 극복하면서 인도, 말라카, 일본에 복음을 전했고, 중국 선교를 앙망하다 이국땅에서 생을 마감했습니다. 대사명에 가장 충실했던 제자도의 귀감입니다.

9장부터 12장까지는 연대순으로 네 명의 인물들이 등장합니다. 9장의 주인공은 17세기 잉글랜드에서 종교신우회, 즉 퀘이커(Quaker)를 창시한 조지 폭스(George Fox, 1624-1691)입니다. 영국의 종교가 성공회 중심으로 재편되던 시기에 그는 기존 교회의 제도와 신학에 문제를 제기하며 신자 개인의 내면에서 들려오는 그리스도의 목소리에 귀 기울였습니다. 이를 토대로 인간의 평등을 주창하고 전쟁과 폭력에 반대했습니다. 그의 뒤를 이은 퀘이커들은 지금도 세계 도처에서 다양한 사회 개혁과 평화 운동에 앞장서고 있습니다. 10장은 감리교를 설립한 존 웨슬리(John Wesley, 1703-1791)를 소개합니다. 영국 성공회 사제로서 영국 전역에서 복음을 전하면서 잠자는 신자들을 깨우고, 신자들의 성화와 사회 변화를 위해 다양한 제도, 조직, 프로그램을 창안했습니다. 그의 영향은 지금까지 전 세계 감리교회, 성결교회, 오순절교회를 통해 생생하게 지속되고 있습니다.

11장은 이 책에서 유일한 여성과 만나는 자리입니다. 20세기 초반 미국에서 출현한 오순절 운동의 대표적 인물인 에이미 샘플 맥퍼슨(Aimee Semple McPherson, 1890-1944)입니다. 개인적으로 반복된 불행과 고통 속에도, 남존여비와 인종차별이 팽배하던 시절에 여성 신유 사역자요 전도자로서 수많은 병자를 치유하고 탁월한 재능으로 여성, 흑인, 히스패닉들에게 복음을 전했습니다. 그런 헌신적 · 창조적 사역의 결과로 오순절 운동이 20세기 동안 미국과 전 세계로 급속히 확산할 수 있었습니다. 상처 입은 치유자의 표본입니다. 마지막 12장은 미국에서 흑인들의 운명을 바꾼 침례교 목사 마틴 루터 킹 2세(Martin Luther King Jr., 1929-1968)를 위한 자리입니다. 38년의 짧은 생을 살았지만, 그처럼 교회와 역사에 강렬한 자취를 남긴 인물도 드물 것입니다. 흑인 목사의 아들로 태어나서 박사 학위까지 받았지만, 그는 미국 사회의 뿌리 깊은 인종 차별을 종식하기 위해 역사의 희생 제물이 되었습니다. 온통 미래에 대한 비관적인 전망만이 무성한 시대에 "나에게는 꿈이 있습니다"라는 그의 웅장한 설교가 무척 그립습니다.

고마운 분들

책의 규모나 수준을 떠나, 한 권의 책이 집필되고 출판되는 과정은 매번 '해산의 수고'와 다르지 않습니다. 이번 책의 경우도 마찬가지입니다. 이 짧은 책이 기획되어 원고를 연재하고, 마침내 출판사의 승인을 얻어 세상에 나오기까지 저 개인뿐만 아니라, 주변의 많은 분들의 도움과 응원, 희생이 있었습니다. 무엇보다 제게 이 책의 집필을 요청하고 연구비를 지원해 주신 최종태 선생님께 깊이 감사드립니다. 최 선생님 덕분에 제가 용기를 낼 수 있었고, 이 글을 쓰는 동안 도전과 감동을 반복해서 누릴 수 있었습니다. 그래서 이 책을 최종태 선생님께 헌정합니다.

또한 이 시대에 기독교 출판사를 운영하는 것 자체가 '자기를 부인하고 십자가를 지는' 순교자적 제자도의 실천입니다. 부족한 저의 원고를 기꺼이 출판하기로 결단해 주신 세움북스의 강인구 대표님께 진심으로 감사드립니다. 대표님의 결정이 결코 무모하지 않았음을 독자들과 역사가 증명해 주길 기원합니다. 끝으로 이 책이 저자의 머릿속에서 책으로 변모되는 일체의 과정 동안 곁에서 때로는 인내와 관용으로, 때로는 응원과 격려로 함께해 준 저의 생명 같은 가족들, 함께 꿈을 꾸는 기독연구원 느헤미야 동지들, 그리고 늘 고맙고 소중한 백향나무 교우들 모두에게 머리 숙여 사랑과 감사를 전합니다. 그리고 마음과 힘과 정성을 다해 주님께 감사의 찬양을 올립니다.

2023년 1월 마지막 날
배덕만

Chapter 1

성 안토니우스
사막을 하나님 나라로 변화시킨 사람

(Antony the Great, 251-356)

영성(spirituality)에 대한 관심이 한국 교회 안에서 꾸준히 증가하고 있습니다. 이미 양적·외적 측면에서 절정에 달했으나, 내적 결핍에 의한 부작용이 교회 안팎에서 노출되고 있기 때문인 듯합니다. 영성에 대한 관심은 자연스럽게 수도원 운동에 대한 관심으로 이어졌습니다. 종교개혁 이후, 개신교는 루터의 영향하에 수도원 운동에 대해 부정적인 입장을 견지해 왔지요. 수도원이 인간의 힘으로 구원을 성취하려는 대표적인 종교 현장으로 간주되었기 때문입니다. 하지만 내적 결핍이 영적·도덕적 일탈로 이어지면서, 수도원 운동에 대한 새로운 관심과 연구가 개신교 내에서 급증하게 된 것으로 보입니다. 이런 맥락에서 우리는 자연스럽게 수도원 운동의 창시자로 알려진 이집트 사람 안토니우스에게 주목하게 됩니다. 물론, 안토니우스가 최초로 수도원 운동을 시작한 것은 아닙니다. 이전에도 사막에서 수련 생활을 했던 사람들이 적지 않았기 때문이지요. 하지만 수도원 운동의 발전 과정에서 그의 영향은 지대했습니다. 사탄의 영토였던 황량한 사막이 영성 훈련의 요새로 변했고, 그 영향이 사막의 경계를 넘어 온 세상으로, 그리고 지금까지 이어지고 있습니다.

안토니우스가 활동한 시대

예수님의 십자가 처형 후, 초기 기독교는 유대인들과 이방인들 사이에서 수많은 난관을 통과했습니다. 1세기 말, 유대교는 예수님의 추종자들을 이단으로 규정하고 관계를 단절했습니다. 뿐만 아니라, 네로 황제 이후 로마 제국은 거의 3세기 동안 기독교에 적대적이었습니다. 그럼에도 복음은 제국 전역으로 꾸준히 확장되어 교회와 신자의 수가 급증했지요. 이런 교세 확장은 성경, 교리, 제도 등에서 주목할 만한 변화를 초래했습니다. 이런 변화는 성장에 따른 자연스러운 결과였지만, 교회 내적으로 갈등과 분열의 원인이 되기도 했습니다. 특히 예수님에 대한 이해를 둘러싼 견해가 다양해지고 논쟁이 격화되면서, 교회는 심각한 위기에 직면했습니다.

한편, 로마 제국은 '5현제 시대'(A.D. 96-180)라는 황금기를 지나면서 빠르게 쇠퇴했습니다. 국내에서는 군부의 대립 속에 황제가 빈번히 교체되면서 정치적 불안이 심화되었고, 변방에서는 게르만족의 힘이 강성해지면서 제국의 국방과 정치가 서서히 붕괴되기 시작한 것입니다. 이런 상태에서 약화되는 제국의 힘을 회복하기 위해, 일부 황제들은 로마의 전통 신앙을 부활시키거나 황제 숭배를 강요했습니다. 당연히 이런 제국의 정치적 · 종교적 변화는 기독교에 부정적인 영향을 미쳤지요. 하지만 313년에 발표된 밀라노 칙령으로 모든 상황이 극적으로 변했습니다. 기독교에 대한 박해가 중단되었을 뿐 아니라, 국가 차원의 인정 속에서 교세가 급증했으며, '국가적 박해의 대상'에서 '국가적 지원의 대상'으로 신분이 급상승하였습니다.

이후 로마 제국은 기독교에 각종 특혜를 베풀었습니다. 특히 황제 콘스탄티누스(Constantinus)는 일요일을 공휴일로 제정하고 니케아 회의(A.D. 325)를 소집하여 각종 교회 현안을 처리했습니다. 그의 후원하에 기독교는 거대한 성전과 재산, 영향력 있는 신자들과 뛰어난 신학자들을 보유하게 되었습니다. 오랫동안 박해의 위협 속에 긴장하며 살았던 대부분의 기독교인들은 이런 상황의 변화를 환영했습니다. 또한 그런 변화를 가능하게 만든 콘스탄티누스 황제를 열렬히 추앙했지요. 하지만 이런 우호적인 환경은 교회 안에 심각한 문제도 초래했습니다. 부와 권력을 맛본 교회가 빠르게 본질을 상실하고 세속화의 길에 접어든 것입니다.

이런 상황을 신앙의 위기로 인식한 사람들이 출현했습니다. 그들은 박해가 물리적으로는 고통의 시간이었지만, 신앙적으로는 교회에 있어 은혜의 때였다고 이해했습니다. 그리고 영적 훈련을 위해 스스로 광야를 찾았던 모세, 엘리야, 예수, 세례 요한, 바울 등의 선례를 따라 이집트 사막으로 들어가기 시작했습니다. 그들 중에는 박해, 군대 징집, 채무 등 범죄로 인한 체포를 피해서 사막으로 도피한 경우도 있었습니다. 하지만 다수는 세속의 유혹과 타락을 피해 오직 예수께만 집중하길 갈망하여 그런 삶을 선택한 것입니다. 이들은 홀로 지내며 고행과 명상, 노동에 전념했고, 이들을 통해 수도원 운동이 시작되었습니다. 안토니우스는 이 운동의 초기 발전 과정에서 가장 결정적인 영향을 끼친 인물입니다.

예수의 말씀에 따라 사막으로 들어가다

안토니우스는 A.D. 251년 이집트 헤라클레오폴리스 마그나(Herakleopolis Magna) 근교의 코마(Coma)에서 부유한 지주 집안의 장남으로 태어났습니다. 그가 20살이었을 때, 부모가 모두 세상을 떠났습니다. 미혼인 여동생과 함께 살던 어느 날, "네가 완전한 사람이 되려거든, 가서 너의 재산을 팔아 가난한 이들에게 주어라. 그러면 네가 하늘에서 보물을 차지하게 될 것이다. 그리고 와서 나를 따라라"(마 19:21)는 예수님의 명령을 듣고 순종하기로 결심했습니다. 안토니우스는 이 말씀을 문자적으로 이해하여, 가문의 토지 중 일부를 가난한 이웃들을 위해 분배했습니다. 누이를 주변의 한 수녀원에 보낸 후, 자신은 인근의 한 은수자(隱修者)를 찾아가서 제자가 되었습니다. 이 기간에 그는 돼지치기로 일했다고 합니다. 이때가 대략 270년경입니다.

2년 후, 안토니우스는 알렉산드리아에서 서쪽으로 95km 떨어진 니트리아 사막(the Nitrian Desert)으로 들어가서 13년간 머물렀습니다. 그곳에서 주님을 철저히 따르는 제자가 되기 위해 쉬지 않고 기도하고 노동하며 수도 생활을 이어 갔습니다. 특히 그는 성경 말씀을 마음에 새기며 실천했습니다. 비록 글을 배우지는 못했지만, 성경 말씀을 암송하고 묵상하며 기도에 정진했습니다. 그는 자기보다 앞선 수도자들에게 수도 생활의 방법과 그들이 성취한 덕을 본받았기에 사람들이 그를 "하나님의 사랑을 받은 이"라고 불렀습니다.

하지만 사탄은 청년 안토니우스를 그냥 내버려 두지 않았습니다. 그가 수련 생활 중 어떤 유혹과 시험을 경험했고, 그것을 어떻게 극복했는지에 대해서는 알렉산드리아의 주교 아타나시우스(Αθανάσιος)가 360년경에 쓴 『안토니우스의 생애』에 생생히 기록되어 있습니다. 먼저 사탄은 안토니우스가 자신의 이전 삶과 미래의 삶에 대해 걱정하게 만들어서 그의 수도 생활을 방해했습니다. 안토니우스가 이런 잡념들을 믿음으로 이겨 내자, 그 다음에는 음란한 욕망으로 공격했습니다. 심지어 사탄 자신이 아름다운 여인으로 변장하여 그를 유혹했지만, 안토니우스는 그리스도와 심판을 생각하며 유혹을 극복했습니다. 금욕과 고행으로 육체를 단련하고 기도에 전념했습니다. 하루에 한 번 해가 지면 빵과 소금과 물로만 식사했고, 밤에는 거친 매트나 맨땅에서 잠을 잤습니다. 이런 그의 모습이 많은 사람에게 경외심을 불러일으킨 것은 당연했습니다.

얼마 후 안토니우스는 마을에서 떨어진 무덤으로 갔습니다. 당시에 '사탄의 거대한 피라미드'로 인식되던 이집트의 무덤은 집처럼 출입할 수 있었다고 합니다. 한 친구에게 가끔 빵을 가져다 달라고 부탁한 후, 그는 죽음의 장소인 무덤 안으로 들어갔습니다. 그러자 마귀는 귀신을 떼로 몰고 와서 그를 마구 구타했습니다. 다음 날 빵을 가져온 친구는 안토니우스가 죽은 듯이 쓰러져 있는 것을 발견하고 마을의 교회로 데려갔습니다. 많은 친척과 마을 사람들이 그를 보러왔습니다. 하지만 그는 의식을 회복하자마자 다시 친구에게 부탁하여 무덤으로 돌아갔습니다. 여전히 극심한 고통으로 힘들어했지만, 누워서 기도하며 사탄에게 대항했습니다. "내가 여기 있다. 너희들이 아무리 나를 두들겨 때려눕혀도 나를 그리스도의 사랑에서 끊을 수 없다."라고 소리치며 시편 찬송을 불렀습니다. 그러자 흥분한 사탄은 무덤 벽을 박살 내기라도 할 듯이 지진 같은 굉음을 내며 온갖 짐승과 파충류의 모습으로 그에게 달려들었습니다. 그럼에도 안토니우스는 동요하지 않고 한층 맑은 영혼으로 사탄에게 대응했습니다. "그처럼 많이 동원해서 짐승 모습으로 위협하는 것은 네가 약하다는 증거다."라고 하면서 말입니다.

이렇게 안토니우스가 영적 전쟁을 치열하게 치르고 위를 쳐다보았을 때, 지붕이 열리고 한 줄기 빛이 그를 향해 내려왔습니다. 그 순간 모든 악한 영들이 사라지고 육체의 고통도 멈추었습니다. 무덤도 본래 상태로 돌아왔고요. 그때 안토니우스가 말했습니다. "주님은 어디 계셨습니까? 왜 처음부터 나타나셔서 저의 고통을 멈추게 하지 않으셨습니까?" 그러자 한 목소리가 들려왔습니다. "나는 여기 있었다. 안토니우스야, 네가 애쓰는 것을 지켜보며 기다렸다. 이제 네가 잘 참고 물러서지 않았으니 나는 영원히 너를 도울 것이고 너를 온 세상에 알리겠다." 이 말씀을 들은 안토니우스는 일어나서 기도를 드렸습니다. 이때가 그의 나이 34세였습니다.

36세 때 안토니우스는 사막에서 오늘날 데르 엘 메눔(Der-el-Memun)으로 알려진 나일강 유역의 한 산(Pispir)으로 들어갔습니다. 그곳에서 버려진 오래된 요새를 발견하고, 약 20년간 머물며 홀로 수행에 정진했습니다. 6개월 동안 먹을 빵을 비축해 두고 수도 생활에 몰두했는데, 1년에 두 번 사람들이 지붕에서 내려 주는 빵을 받아 놓고 홀로 수행에 전념한 것입니다. 고대 이집트에서는 이처럼 오랫동안 빵을 보관하는 것이 가능했다고 합니다. 이곳에서도 사탄의 공격과 시험은 지속되었습니다. 하지만 안토니우스는 십자가 표시로 무장하고 담대하게 사탄을 대적했습니다. 친구들이 그가 죽었을까 걱정하며 정기적으로 방문할 때마다, 요새 안에서 안토니우스의 시편 찬송이 들려왔습니다. 예외 없이 그를 찾아온 사람은 바깥에서 그의 조언을 들어야 했습니다.

안토니우스, 잠시 세상 밖으로 나오다

그의 금욕과 영성의 삶을 본받고 싶었던 사람들이 마침내 305년 요새의 문을 강제로 부수고 그를 밖으로 끌어냈습니다. 사람들은 안토니우스가 여전히 건강한 모습으로 나타나자 매우 놀랐습니다. 당연히 사람들은 그가 오랜 금욕 생활로 매우 마르고 정신 이상 증세를 보일 것이라고 예상했습니다. 하지만 그가 고난과 시련을 이겨 내고 온전한 균형과 조화를 이룬 성인의 모습으로 나타났으니, 크게 당황했던 것이지요. 안토니우스는 주님의 능력을 힘입어 그곳에 모인 사람들 중 여러 명의 병을 고쳐 주었습니다. 어떤 이들에게서는 사탄을 몰아냈고, 슬픔에 빠진 이들에게는 말씀으로 위로했습니다. 원수 된 사람들을 화해시키기도 했습니다. 특별히 세상의 그 어떤 것보다 예수 그리스도의 사랑을 좋아하고 하나님의 사랑을 마음에 새기라고 권면했습니다. 이어서 파이윰(Fayum)을 방문하여 믿음의 교우들을 만나고, 그리스도 때문에 투옥된 사람들을 위로했습니다.

막시미누스 다이아 황제 치하(A.D. 308-313)에서 교회에 대한 박해가 발생하자, 안토니우스는 순교자가 되길 바라며 알렉산드리아(Alexandria)로 갔습니다. 그는 몸을 사리지 않고 공공장소에서 기독교 신앙을 고백했습니다. 감옥에 갇힌 신자들을 방문하고 고백자들의 재판과 심문 장소에 참석했으며, 심지어 순교자들의 처형장까지 따라갔습니다. 지사(志士)가 안토니우스에게 그 도시를 떠나라고 명령했지만, 오히려 그는 지사를 자극하여 순교를 유발하려 했습니다. 하지만 아무 일도 일어나지 않았기 때문에, 그의 순교 계획은 실패로 끝났습니다.

313년 로마의 박해가 공식적으로 종식되자 안토니우스는 옛 요새로 돌아갔습니다. 많은 사람이 사막으로 그를 찾아와서 주변에 수도원을 설립하기 시작했습니다. 결국 이집트 사막이 수도원으로 가득 차게 되었습니다. 그의 전기를 쓴 아타나시우스

(Athanasius)가 "사막은 수도사에 의해 도시가 되었다."라고 기록했을 정도로 말입니다. 안토니우스는 많은 수사들의 영적인 아버지가 되어 그들에게 수도 생활을 가르쳤습니다. 그를 따르는 수많은 수사들이 머문 산 위의 수도처에는 거룩한 합창으로 가득했습니다. 그들은 찬송하고 연구하고 금식하고 기도하며 미래에 대한 희망으로 즐거워했습니다. 자선을 베풀고 서로 사랑하며 초대 교회의 이상을 실현하려고 최선을 다했습니다.

안토니우스는 수행에 더욱 정진하기 위해 인적이 드문 테베 북부의 깊은 산속으로 다시 거처를 옮겼습니다. 샘과 종려나무 몇 그루를 발견하고 그곳에 정착하기로 결정했는데, 그 자리에 오늘날 성 대 안토니우스 수도원이 자리하고 있습니다. 그곳까지 사람들이 그를 찾아왔습니다. 더 이상 안토니우스는 그들을 거부하지 않았습니다. 이제 노인이 된 안토니우스는 마지막까지 제자 수사들을 위해 기도하고 감독하며, 그들이 순결하게 거룩한 길을 가도록 권면했습니다. 그러던 338년, 그는 알렉산드리아를 방문하여 성자 예수 그리스도가 성부 하나님과 본질적으로 동일하지 않다고 주장하는 이단 아리우스주의에 대항하여 설교했습니다. 그 결과, 많은 이들이 이교 사상을 버리고 교회로 돌아왔습니다. 또한, 콘스탄티누스 황제가 그의 명성을 듣고 기도를 요청하는 편지를 그에게 보내기도 했습니다.

안토니우스는 자신이 떠날 날이 다가옴을 느꼈을 때, 제자들에게 유언을 남겼습니다. 그의 지팡이는 마카리우스(Macarius)에게, 한 개의 양피 망토는 아타나시우스에게, 그리고 다른 양피 망토는 제자 세라피온(Serapion)에게 주라고 말입니다. 안토니우스는 아무도 그의 무덤이나 유물을 숭배하지 않도록 자신의 시신을 비석 없는 비밀 묘에 묻으라고 유언한 후 356년 눈을 감았습니다. 놀랍게도 1세기 이상 주님과 동행하며 산 것입니다. 그의 유해는 361년에 발견되어 알렉산드리아로, 후에 다시 콘스탄티노플로 옮겨졌습니다. 최종적으로, 11세기에 프랑스 귀족 조슬린(Jocelin)이 건축을 시작하여 1297년 완공된 교회(현재 Saint-Antoine-l'Abbaye)에 안치되었습니다.

어록과 유산

안토니우스는 자신이 직접 책을 쓰지 않았습니다. 지금까지 '덕(德)'에 관한 20개의 설교, 도덕적 완전과 영적 투쟁으로서 수도원 생활에 관해 여러 이집트 수도원에 보낸 7개의 편지, 수도원 규칙서가 그의 것으로 전해집니다. 하지만 학자들은 7개의 편지를 제외하고는 저자의 진정성을 의심하는 것 같습니다. 그럼에도 다음의 문장들은 그의 것으로 기억되고 있습니다.

나는 원수가 세상에 뿌려 놓은 덫들을 보았다. 그래서 나는 신음하며 말했다. "어떻게 그런 덫에서 벗어날 수 있을까?" 이때 내게 들려오는 소리를 들었다. "겸손해라."

우리는 덕스러운 삶에 이르는 것이 불가능하다고 말해서는 안 된다. 하지만 그것이 쉽다고 말해서도 안 된다. 이미 그 경지에 도달한 사람들은 그런 상태를 유지하는 것이 쉽지 않다는 것을 안다. 경건하고, 지적으로 하나님의 사랑을 누리는 사람들이 덕스러운 삶에 참여한다. 하지만 일반적인 지성은 세속적이고 유동적이다. 그것은 본성에 휘둘리고 물질적인 것을 지향하기 때문에, 선한 생각과 악한 생각 모두와 관계가 있다. 하지만 하나님의 사랑을 누리는 지성은 인간의 게으름 때문에 자연스럽게 발생하는 악을 응징한다.

우리의 삶과 죽음은 이웃들과 함께한다. 우리가 형제를 얻으면 하나님도 얻은 것이다. 하지만 우리가 형제를 괴롭히면 하나님께 죄를 범한 것이다.

쇳덩이에 망치질을 하는 사람은 먼저 그것으로 낫을 만들지, 아니면 칼이나 도끼를 만들지 결정한다. 그렇다면, 우리는 어떤 덕을 형성할지 먼저 결심해야 한다. 그렇지 않으면 우리의 수고는 헛될 것이다.

안토니우스는 자신의 수도원을 창설한 적이 없습니다. 하지만 그를 따라 사막에 들어간 초기 수사들은 금식을 포함한 금욕적 수행을 통해 그가 성취한 영적 순결과 자유에 도달하고자 분투했고, 그의 작품이나 어록에서 발췌한 규칙들은 현재에도 이집트와 아르메니아의 여러 수도원에서 준수되고 있습니다. 한편, 그의 영향으로 중세에 한 수도회가 창설되었습니다. 1095년 발루아의 가스통(Gaston of Valloire)이 성 안토니우스 병원 수도회(Hospital Brothers of St. Antony)를 설립한 것입니다. 이것은 중세에, 특히 가난한 사람들 사이에서 유행했던 맥각 중독(ergotism, '성 안토니우스의 불'이라고 불림)을 성 안토니우스의 유물들로 치유하기 위해 설립된, 병원을 포함한 로마가톨릭 수도회입니다.

또한, 안토니우스가 경험한 다양한 유혹들은 이후 많은 문학과 미술의 주제가 되었습니다. 미켈란젤로 부오나로티(Michelangelo di Lodovico Buonarroti Simoni), 히에로니무스 보스(Hieronymus Bosch), 마티아스 그뤼네발트(Matthias Grünewald), 막스 에른스트(Max Ernst), 폴 세잔느(Paul Cezanne), 살바도르 달리(Salvador Dali) 등이 안토니우스를 주제로 여러 작품을 남긴 것입니다. 그리고 귀스타브 플로베르(Gustave Flaubert)는 소설 『성 안토니우스의 유혹』(1874)을 발표했습니다.

생각 나눔

안토니우스는 1700년 전 이집트 사막에서 수행했던 극단적인 고행자입니다. 따라서 오늘날 우리 대다수의 삶이나 신앙과는 매우 상이할 수밖에 없습니다. 그에 대한 기록들도 황당할 정도의 비현실적인 내용을 담고 있습니다. 예를 들어, 성경을 읽고 깨달은 후 자신의 막대한 재산을 포기한 것은 너무 극단적인 선택으로 보입니다. 꼭 그렇게 다 버려야 했을까요? 최소한 여동생만은 안정된 삶을 살도록 배려해야 하지 않았을까요? 또한 예수님을 따르기 위해 마을을 떠나 광야와 산속으로 들어간 것도 쉽게 수긍하기 어렵습니다. 오히려 마을에서 사람들과 상부상조의 삶을 사는 것이 더 바람직한 제자도의 실천이 아닐까요? 광야에서 은수사(隱修士)로 살면서 거처한 공간과 먹은 음식도 너무 불결하고 부적절해 보입니다. 오히려 체계적인 영성 훈련을 위해서는 건강한 식단과 적절한 운동도 중요하지 않을까요? 무엇보다, 무덤에서 경험한 신비 체험은 현재의 관점에서는 너무 비현실적이고 열광주의적인 현상으로 보입니다. 그런 체험이 영성 훈련에서 필수적일까요?

이처럼, 그의 삶을 읽으면서 은혜와 감동 대신 반감과 의혹이 먼저 생기는 것을 부인할 수 없습니다. 그럼에도 그가 오직 한 분 예수 그리스도를 따르기 위해 세속의 재산과 명예를 포기하고 사람과 문명의 안정마저 멀리했던 결단, 그리고 사막에서 **육체적 욕망과 씨름하며 예수님의 사람으로 살기 위해 몸부림쳤던** 모습은 21세기에 살고 있는 우리에게 다소 낯설지만 엄청난 도전임에 틀림없습니다. 지금까지 그의 삶이 교회 안에서 기억되고, 그에 대한 아타나시우스의 책이 꾸준히 읽힌다는 사실이 단적인 증거일 것입니다. 지금도 성경은 그리스도인들의 신앙생활에서 중심부를 차지하고 있습니다. 하지만 성경이 묵상과 연구의 대상에서 순종과 실천의 계명으로 발전하는 모습은 점점 더 찾아보기 어렵습니다. 신자로 산 세월이 적지 않음에도 물질에 대한 탐욕과 세상 풍요에 대한 집착은 쉽게 사라지지 않습니다. 그러하기에 한국 땅에 첫 교회가 세워진 이후 1세기가 지난 시기이지만, 동네마다 붉은 십자가와 웅장한 예배당이 즐비하지만, 심지어 정치, 경제, 문화 영역에서 그리스도인들이 중심과 정상에 진출했지만, 교회는 점점 더 사회에서 소외되고 나라의 미래는 더욱 암울해 보입니다. 혹시 그 이유가 이 시대 그리스도인들이 안토니우스가 선택했던 '광야의 영성'보다 그가 떠나온 '도시의 영광'에 더 마음을 빼앗겼기 때문은 아닐까요?

아무리 세상이 변하고 현실의 상황이 힘들어도, 예수님을 믿기로 결심한 순간 우리의 삶은 본질적으로 안토니우스의 것과 다를 수 없습니다. 하나님의 말씀은 그때나 지금이나 진리이기 때문입니다. 오늘도 "내 발에 등불이요 내 길에 빛"(시 119:105)이시기 때문입니다. 그러므로 오늘도 "나를 따르라"(마 9:9)는 주님의 명령을 우리는 쉽게 외면할 수 없습니다. 동시에, 완전한 사람이 되기 위해서는 "가서 네 재산을 팔아 가난한 이들에게 주어라"(마 19:21)라는 주님의 말씀도 끝까지 무시할 수 없습니다. 결국, 우리가 삶으로 이 명령에 응답하기 위해서는 각자의 광야에서 치열한 영적 훈련을 통과해야 합니다. 우리에게 말씀, 교사, 공동체가 필요한 현실적인 이유입니다. **신뢰할 수 있는 영적 교사의 지도 속에 말씀의 본질을 깊이 묵상하고, 같은 꿈을 꾸는 영적 벗들과 영성 훈련에 매진해야** 합니다. 묵상, 공부, 예배, 기도, 친교, 선행으로 구성된 영성 훈련 없이는 명목상의 신자가 진정한 제자로, 동네 교회가 성령 공동체로 성장할 수 없습니다. 제자는 태어나는 것이 아니라 만들어지는 것이며, 교회는 돈과 돌로 건축하는 것이 아니라 순교자들의 피 위에 세워지는 것이기 때문입니다.

변화된 세상과 부인할 수 없는 현실을 언급하면서, "자기를 부인하고 자기 십자가를 지고 나를 따르라"(마 16:24)라는 주님의 명령을 비현실적인 이상주의로 폄하하는 것은 스스로 자신의 신앙과 신앙의 정체성을 부정하는 일입니다. 하나님 나라를 위해 자기를 부인하겠다고 맹세하면서 여전히 돈에 대한 집착을 극복하지 못한다면, 우리는 여전히 불신자입니다. 십자가를 지겠다고 결심하면서 여전히 성의 노예로 살고 있다면, 우리는 아직도 우상 숭배자입니다. 예수님을 따르겠다고 다짐하면서 여전히 권력의 유혹에서 벗어나지 못한다면, 우리는 부정할 수 없는 이교도입니다. 부디 암울한 한국 교회 한복판에서 진정한 제자의 삶을 추구하는 제2, 제3의 안토니우스들이 강물처럼 흘러넘치기를 간절히 기원합니다. 유한한 인간의 시간은 짧고 암담하나, 생명과 빛을 창조하신 하나님은 영원하십니다.

묵상과 토론을 위한 질문

1. 안토니우스는 성경을 통해 자신을 향한 주님의 뜻을 발견했고, 일생 그 뜻을 실천하기 위해 분투했습니다. 당신에게 성경은 어떤 책이며 어떤 영향을 끼치고 있습니까?

2. 안토니우스는 예수님과 일치된 삶을 살기 위해 먼저 막대한 재산을 포기했고, 사막에서는 성욕과 식욕을 포함한 다양한 욕망과 씨름했습니다. 당신이 예수님을 따르는 데 가장 큰 장애물은 무엇입니까?

3. 안토니우스는 사막에서 금욕적 삶을 추구했지만, 때로는 사막에서 나와 도시 교회의 여러 문제들에 직접 관여하고 곤경에 처한 사람들을 위로했습니다. 이런 모습이 성속 이원론의 지배를 받고 있는 우리 신앙생활에 어떤 도전과 교훈이 됩니까?

Chapter 2

요한네스 크리소스토무스

세속에서 하늘을 꿈꾼 설교자

(Johannes Chrysostomus, 349-407)

세상과 구별된 공간에서 하늘을 추구하는 사람들이 있습니다. 반면, 하늘과 세상의 차이를 인정하고 현실에 안주하는 신자들도 적지 않습니다. 하지만 대부분의 그리스도인들은 그 사이에서 진자 운동을 하며 불안하게 삽니다. 동시에 **세속의 한복판에서 하늘의 실현을 추구**하는 주님의 제자들도 존재합니다. 아마도 요한네스 크리소스토무스가 대표적인 예가 아닐까요? 동로마 제국의 수도 콘스탄티노플에서 예언자적 설교로 타락한 교회와 세상에 저항했던 그를, 역사는 '크리소스토무스' 즉 "황금의 입"으로 기억합니다. 설교의 범람 속에 진리의 말씀이 실종된 것 같은 안타까운 현실에서, 크리소스토무스의 뜨거웠던 생애는 우리에게 어떤 울림을 전해 줄까요?

안티오키아의 설교자로 성장하다

크리소스토무스는 349년 시리아의 수도 안티오키아(안디옥)에서 태어났습니다. 그의 아버지 세쿤두스(Secundus)는 로마 군대의 고위직 장교였고, 어머니 안투사(Anthusa)는 지혜롭고 신실한 여인이었습니다. 크리소스토무스에게 여동생이 한 명 있었으나 오래 살지 못한 듯합니다. 아버지도 그가 어린 시절에 세상을 떠났고요. 그럼에도 어머니의 특별한 열정과 돌봄 속에서, 크리소스토무스는 초등 교육과 중등 교육을 충실히 받을 수 있었습니다. 뿐만 아니라, 당대에 변호사와 행정가를 지망하는 이들에게 필수적인 수사학을 저명한 수사학자 리바니우스(Libanius)에게 배웠습니다. 368년 부활 주일에 멜레티우스(Meletius) 주교에게 세례를 받았으며, 이때를 전후로 372년까지 안티오키아 학파를 대표하는 타르수스의 주교 디오도루스(Diodorus)에게 신학 수업도 받았습니다.

멜레티우스 주교는 크리소스토무스의 가능성을 인지하고 371년 독서자로 임명했고, 이 무렵 어머니가 세상을 떠났습니다. 다음 해, 그는 평소의 갈망대로 안티오키아의 실피우스 산에 올라 4년간 수도사들과 함께 지냈고, 이어서 동굴에서 혹독한 금욕 생활을 하며 2년을 보냈습니다. 사실, 몇 년 전에도 수도사가 되려고 시도했습니다. 하지만 "나를 두 번이나 과부로 만들지 마라. 내가 살아 있는 동안은 내 곁에 나의 집에 머물러라"라고 하는 어머니의 호소에 설득되어 마음을 돌려야 했지요. 하지만 이번에도 극단적인 수행으로 건강이 크게 상하여, 안타깝지만 수도사의 삶을 포기할 수밖에 없었습니다. 378년 겨울에 도시로 돌아온 크리소스토무스는 381년 부제, 386년 사제로 각각 서품되었습니다. 그럼에도 그가 6년간 산에서 경험했던 수도사의 삶과 수도원적 이상은 이후 그의 신앙과 사역에서 지속적으로 결정적인 영향을 끼치게 됩니다.

크리소스토무스가 사역하던 당시의 안티오키아는 국제적인 상업 중심지요 군사 요충지로 크게 번성하고 있었습니다. 하지만 극심한 빈부 차로 사회적인 갈등이 고조되고 있었지요. 수많은 사람이 극단적인 빈곤으로 고통을 겪었습니다. 대지주들은 소작인들을 짐승처럼 부렸고, 투기꾼들은 이익의 극대화를 위해 매점매석을 일삼았습니다. 이런 상황에서 크리소스토무스는 탐욕에 물든 부자들을 통렬하게 비판하며 수도원적 이상을 도시 속에 실현하려 했습니다. 또한, 노예 제도에도 깊은 관심을 기울이며 혁신적인 견해를 강력히 설파했습니다. 당시에 교회 소유의 대장원이나 빵 공장마저 수백 명의 노예들을 거느릴 정도로, 노예 제도는 뿌리 깊은 사회 제도였습니다. 하지만 크리소스토무스는 노예 제도를 죄의 결과로 이해했습니다. 따라서 그리스도께서 이미 이 저주를 폐기하셨으므로, 사람들이 사랑의 이중 계명(하나님 사랑, 이웃 사랑)을 준수하면 노예는 사라질 것이라고 주장했습니다. 심지어 노예들에게 기술을 가르친 후 해방하라고 권고하기도 했습니다.

크리소스토무스가 이렇게 생각하고 설교할 수 있었던 것은, 기본적으로 인간이 구원을 위해 하나님과 협력할 수 있다고 믿었기 때문입니다. 뿐만 아니라, 단지 정통 신앙을 고수하는 것이 아니라 겸비와 자비가 병행되어야 구원에 이를 수 있다고 확신했기 때문입니다. 이런 신념은 그의 수도사적 경험에 의해 형성·강화된 것임이 틀림없습니다. 크리소소토무스는 12년간 안티오키아에서 강력한 설교로 영향을 끼치고 명성도 얻었습니다. 그러던 397년 10월 어느 날, 그는 황제의 밀명으로 안티오키아를 떠나 콘스탄티노플에 도착했습니다. 여행 도중, 자신이 제국의 수도 콘스탄티노플의 새 주교로 선정되었다는 소식을 들었습니다. 이런 소식이 알려질 경우, 안티오키아 시민들이 소동을 일으킬 것이 거의 확실했습니다. 그래서 그의 임지가 비밀리에 변경되었고, 납치하듯이 그를 콘스탄티노플로 데려간 것입니다.

콘스탄티노플에서 제국의 부패와 대결하다

콘스탄티노플은 이전에 비잔티움(Byzantium)이라는 작은 도시에 불과했습니다. 하지만 330년 콘스탄티누스 대제가 '새 로마'로 새롭게 창건한 후 그의 이름을 따라 새로운 이름을 얻었습니다. 당대인들은 콘스탄티노플을 "그 도시(the City)"라고 불렀습니다. 크리소스토무스가 제국의 수도에 도착했던 397년, 황제 아르카디우스(Arcadius)와 황후 에우독시아(Eudoxia)가 권좌에 앉아 있었지만, 실권은 내시이며 황궁 시종장인 에우트로피우스(Eutropius)의 손에 있었습니다.

그는 황제와 황후의 결혼을 성사시켰고, 크리소스토무스의 초청에도 결정적인 영향을 끼친 인물입니다. 하지만 절대 권력은 절대 부패한다는 진리의 표본이기도 했지요. 그는 매관매직을 일삼으며 제국의 황실을 부패의 온상으로 오염시키고 있었습니다. 황후 에우독시아는 절세의 미인이자 신앙도 독실했습니다. 하지만 미신적 성향이 강했고, 세월이 지나면서 황제를 지배하기 시작했습니다. 이런 상황에서 황제는 우유부단하고 무능한 모습으로 일관하며 제국의 정치를 더욱 혼란스럽게 만들었습니다. 크리소스토무스의 전임자 넥타리우스(Nectarius)는 이런 환경에서 세련된 매너와 유연한 사고로 중재자의 역할을 탁월하게 감당했지만, 크리소스토무스는 그런 인물이 아니었습니다.

주교로 부임한 이후, 크리소스토무스는 탁월한 설교로 순식간에 대중의 마음을 사로잡았고 황실과도 원만한 관계를 유지할 수 있었습니다. 하지만 그런 밀월 관계는 오래가지 못했습니다. 그가 부패한 교회를 개혁하기 시작했고, 황실과 부자들의 사치에 대해 비판적인 설교를 멈추지 않았기 때문입니다.

먼저, 크리소스토무스는 콘스탄티노플 교회의 재정적 낭비에 제동을 걸고 불필요한 관행을 일소했습니다. 특히, 방문하는 사제들을 위해 베푼 성대한 연회를 폐지했으며, 성당의 사치품들도 매각했습니다. 이렇게 확보한 재정을 기존 구빈원(救貧院)에 투입했고, 추가적으로 구빈원을 설립했습니다. 또한, 그는 성직자들의 도덕적·영적 타락에도 강력히 대응했습니다. 살인과 간음을 범한 사제들을 징계했으며, 고행을 명분 삼아 남녀 수행자들이 동거하는 관행도 엄금했습니다. 교회의 과부들이 외모에 집착하는 것도 심하게 꾸짖었으며, 수도사들이 도시 내에 머물면서 영성이 오염되는 현실에도 제동을 걸었습니다.

동시에 크리소스토무스는 당시 제국의 부자들, 심지어 황실의 사치를 통렬하게 비판하며 사회적인 책임을 온전히 감당하라고 촉구했습니다. 특히, 황후의 사치와 권력 남용에 대해 예언자적인 설교를 멈추지 않았습니다. 그녀의 사치스러운 옷과 장신구를 노골적으로 비난했습니다. 황후가 한 과부의 땅을 강제로 빼앗은 것을 성경에 기록된 나봇의 포도원 이야기에 빗대어 강력히 성토했습니다. 쉽게 예상할 수 있듯이, 이런 크리소스토무스의 개혁 조치와 예언자적인 설교는 민중의 열광적인 환호와 지지를 획득했습니다. 하지만 기득권 세력의 심각한 반감과 강력한 저항도 피할 수 없었습니다.

유배 중에 최후를 맞이하다

402년을 기점으로 크리소스토무스의 콘스탄티노플 사역이 통제 불능 상태에 빠지기 시작했습니다. 그는 에베소(Ephesus)와 니코메디아(Nicomedia)에서 발생한 교회 분규에 개입하는 과정에서 안타까운 실수를 범하고 말았습니다. 동시에 크리소스토무스의 영향하에 기존의 지위가 위협받는다고 생각한 알렉산드리아의 총대주교 테오필루스(Theophilus)가 교활하고 치밀한 음모를 꾸몄습니다. 여기에 크리소스토무스의 거침없는 설교에 분노한 황후의 정치적 입김이 작용했습니다. 그 결과, 칼케돈(Chalcedon)의 루피니아나이 궁전에서 개최된 공의회(403년)에서 크리소스토무스는 유죄 판결을 받고 주교직에서 해임되고 말았습니다. 이어서 황제의 명으로 유배를 떠나야 했습니다.

콘스탄티노플 시민들은 자신들이 존경하는 대주교가 유배되자 폭동을 일으켰습니다. 공교롭게도 그다음 날 황후가 유산했습니다. 그녀는 이것을 하나님의 징벌로 이해했지요. 결국, 황후의 간청으로 크리소스토무스는 유배에서 풀려났습니다. 하지만 얼마 후 황후를 위해 세워진 은 입상(立像) 문제[1]와 그녀를 광분한 헤로디아(Herodias)에 비유했다고 오해받은 설교 때문에, 크리소스토무스에 대한 황후의 분노가 또다시 폭발하고 말았습니다. 적대자들은 이것을 그를 제거할 절호의 기회로 포착하여 다시 한번 결집했습니다. 404년, 크리소스토무스는 아르메니아의 쿠쿠수스(Cucusus)로 두 번째 유배를 떠나야 했고, 콘스탄티노플에서는 또다시 폭동이 일어났습니다. 흥분한 군중들이 성 소피아 대성당으로 몰려들었습니다. 군인들이 무리하게 폭동을 진압하는 과정에서 화재가 발생하여 대성당과 주변 건물들이 소실되고 말았습니다. 이후 화재의 책임을 크리소스토무스에게 전가하려는 이들의 공모로, 그의 여러 지지자들이 심문과 고문을 당했고, 가까운 친구들이 추방되었습니다.

유배지에서 크리소스토무스는 쉬지 않고 편지를 썼습니다. 주변에 모여드는 사람들을 대상으로 설교했고, 사람들이 선교에 헌신하도록 격려하기도 했습니다. 이런 상황에서, 교황 인노켄티우스 1세(Innocentius I)가 서로마 황제 호노리우스(Honorius)와 협력하여 그를 돕고자 다각도로 노력했습니다. 특히 406년

---

1 소피아 대성당 바깥 아우구스테움에 에우독시아의 은상을 세우려는 계획을 크리소스토무스가 강하게 반대했다. 반대 이유는 시끄러운 은 제막식 때문에 예배를 제대로 드릴 수 없다는 것이었다.

테살로니카(Thessalonika)에서 공의회를 개최하여 그의 문제를 다루고자 했습니다. 하지만 동방 교회의 방해로 좌절되고 말았습니다. 이런 상황에서 위기감이 고조된 적대자들이 단결하여 크리소스토무스의 유배지를 제국 동부의 끝자락에 위치한 피티우스(Pityus)로 옮기도록 압력을 행사했습니다. 호송병들의 학대에 가까운 일정과 대접으로, 유배지로 이동하던 중 그의 건강이 마침내 무너지고 말았습니다. 결국, 코마나 폰티카(Comana Pontica)의 작은 성당에서 "하느님은 모든 일에 찬미를 받으소서."라는 임종 기도를 드린 후 숨을 거두었습니다. 그때가 407년 9월 14일이었습니다.

크리소스토무스의 죽음으로 서방 교회와 동방 교회의 감정에 깊은 골이 생기고 말았습니다. 그가 세상을 떠난 지 31년이 지난 438년에 그의 명예가 공식적으로 회복되었습니다. 그의 유해도 콘스탄티노플로 돌아올 수 있었습니다. 동로마 황제이자 에우독시아의 아들인 테오도시우스 2세(Theodosius II)가 엄숙히 장례를 치렀습니다. 하지만 1204년 제4차 십자군 전쟁 당시 베네치아 공화국의 십자군 세력이 콘스탄티노플을 침략하여 약탈하고 그의 유해를 로마로 가져갔습니다. 그리고 800년이 지난 2004년 11월 27일, 교황 요한 바오로 2세(Ioannes Paulus II)에 의해 그의 유해가 콘스탄티노플(현재 이스탄불)로 돌아왔습니다. 살아서나 죽어서나 그의 육신은 안식할 수 없었던 것입니다.

생각 나눔

크리소스토무스의 생애는 독자들의 마음을 복잡하게 만들 수 있습니다. 제국의 수도 한복판에서 황실과 부자들을 향해 추상같은 비판을 쏟아내는 그의 모습은 정녕 경이롭지만, 동시에 자신의 정치적 생명이 위태로운 상황에서 눈치 없이(?) 성직자들과 대립하고 부자들의 비위를 건드리는 모습이 답답하고 무모해 보일 수 있기 때문입니다. 크리소스토무스는 제국의 수도 콘스탄티노플의 총대주교였습니다. 로마 제국 전체에서 성직자로서 최고위직에 오른 것입니다. 학식과 영성, 설교 면에서 단연 '군계일학(群鷄一鶴)'이었기에, 그가 그 자리에 오른 것은 정당했고, 그를 총대주교로 모신 교회는 정말 복을 받은 것입니다. 따라서 그가 지배적인 신학, 세련된 궁중문화, 온건하고 포용적인 목회, 지성과 교양이 빛나는 설교, 그리고 원만한 인간관계 등에 주의하면서 자신의 역할을 수행했다면, 그는 교회와 왕실 모두에 막대한 영향을 끼치면서 부귀와 영화를 만끽할 수 있었을 것입니다. 전임 총대주교들처럼 말입니다.

하지만 크리소스토무스에게는 더 중요한 것이 있었습니다. 성경에서 일관되게 선포되는 사회적 약자에 대한 하나님의 관심, 현실에서 목격하는 약자들의 부당하고 비참한 현실, 그리고 성직자들이 추구해야 할 고귀한 이상 말입니다. 하지만 그가 이런 것들을 공적으로 발언하고 현실에서 실현하기 위해 행동하는 순간, 세상이 어떻게 반응할지 누구나 쉽게 예측할 수 있었습니다. 기득권 세력들과의 충돌을 피할 수 없었습니다. 그의 보장된 지위와 특권이 흔들리고, 마침내 그의 삶은 파국으로 끝날 것이 뻔했지요. 그럼에도 그는 자신이 성경에서 발견한 진리를 말하지 않을 수 없었습니다. 그의 양심을 괴롭히는 부당하고 타락한 현실을 간과할 수 없었습니다. 그래서 그는 **왕실과 귀족들을 불편하게 만드는 설교를 멈추지 않았고, 세상이 성경의 진리, 하나님의 마음에 집중하도록 자신이 할 수 있는 모든 방법을 총동원**했습니다.

그 결과는 예상대로 탄핵과 유배, 그리고 죽음이었습니다. 크리소스토무스는 너무나 비현실적이며 답답하고 무모한 사람이었습니다. 게다가, 자신의 설교에 마지막까지 귀를 닫고 개혁에 제동을 거는 세상에 대해 좌절하거나 타협하는 대신, 끝까지 인간에 대한 신뢰와 수도원적 이상을 포기하지 않는 모습은 정말 바보같이 비현실적이고 어린아이처럼 순진해 보입니다. 어떻게 그런 상황에서 인간에 대한 신뢰와 희망을 포기하지 않을 수 있었을까요? 어떻게 그 지경에 이르도록 하나님 나라에 대한 꿈을 내려놓지 않을 수 있었을까요? 어떻게 거대한 현실의 장벽 앞에서 실패와 좌절을 수없이 반복하면서, 마지막 순간까지 개혁과 변화의 기대를 버리지 않을 수 있었을까요? 정말 그는 천사 같은 성인이었을까요? 아니면 유치한 바보였을까요? 제 눈에 크리소스토무스는 천사 같은 바보요, 어린아이 같은 성인이었습니다. 정녕 그는 너무나 똑똑하고 현실적인 성직자들이 넘쳐 나는 시대에 대단히 그리운 목회자의 이상적인 모형(ideal type)입니다.

젊은 시절에 성경과 십자가, 하나님 나라에 대한 열정으로 목회를 시작했으나, 세월이 흐르면서 노련한 종교인으로 빠르게 변모하는 것이 오늘의 목회 현장입니다. 목회자라는 거룩한 꿈을 꾸며 신학교에 입학하지만, 직업적 종교인이 되어 졸업한다는 씁쓸한 농담이 더 이상 농담이 아닌 시절입니다. 성경 말씀은 예배 시간 강단 위에서만 유의미할 뿐 신자들의 현실은 세상의 통념과 생존 법칙에 더 큰 영향을 받는 것 같습니다. 목회와 신앙생활도 복음과 성령, 십자가와 하나님 나라보다 전략과 프로그램, 물질적 축복과 세속적 번영에 더 집중하는 듯합니다. 기업 운영과 목회가 별로 다르지 않고, 정치가의 연설과 목사의 설교 사이의 차이를 잘 모르겠다는 탄식도 자주 들립니다. 사업의 성공과 교회의 부흥이 동일한 지표로 평가되는 것도 사실입니다. 그래서 많은 이들이 교회의 타락과 목회의 변질, 목사의 문제를 인식하고 종교개혁의 필요성을 역설합니다. 하지만 그런 기대가 실현될 것이라고 확신하는 사람은 극히 드문 것 같습니다.

그렇기 때문에, 크리소스토무스의 타협 없이 지속된 이상주의는 묵직한 죽비가 되어 우리의 몽롱한 정신을 일깨웁니다. 부디 목회자뿐 아니라 이 땅의 모든 그리스도인들이 다시 한번 눈을 들어 십자가를 바라보고, 성령께서 주시는 바보 같은 어리석음으로 이 땅에 이루어질 하나님 나라를 앙망하길 소망합니다. 피할 수 없는 현실의 거친 반발과 넘기 힘든 장벽 앞에서 결코 굴복하지 않고, 그 길을 먼저 걸어간 크리소스토무스처럼 말입니다.

묵상과 토론을 위한 질문

1. 크리소스토무스는 수사(修士)의 삶을 원했지만, 어머니의 간곡한 만류로 마음을 접었습니다. 이것은 우리의 삶과 신앙에 끼치는 가족의 영향력이 얼마나 지대한지를 단적으로 보여 줍니다. 당신의 경우는 어떻습니까?

2. 크리소스토무스는 제국의 수도인 콘스탄티노플 한복판에서 황실과 귀족, 성직자들의 부패와 타락에 정면으로 맞섰습니다. 그 결과, 그는 모든 지위를 상실하고 유배를 떠나야 했습니다. 여러분이 그의 위치에 있었다면 어떻게 행동했을까요?

3. 성직자는 예언자적 기능과 제사장적 기능을 균형 있게 수행해야합니다. 하지만 규모가 크고 상류 사회에 속한 교회에서 목회할수록 그런 균형을 유지하기가 어렵습니다. 여러분의 교회에서는 그런 균형이 바람직하게 이루어지고 있습니까?

Chapter 3

교황 그레고리오 1세

위대한 섬김의 종

(Papa Gregorio I, 540-604)

대부분의 역사가 그러하듯이, 교회사도 영웅과 위인의 기록처럼 보일 수 있습니다. 과거를 조사하고 복원하고 평가하는 일이 역사학의 주된 관심사이다 보니, 역사에 기록을 남기지 못한 사람들은 역사 연구에서 쉽게 소외됩니다. 반면, 한 시대를 지배하거나 후대에 영향을 끼친 예외적인 인물들에게 관심이 집중되는 경향이 있지요. 최근에는 이런 경향을 극복하려는 혁신적인 시도들이 있으며, 그런 시도들의 학문적인 성과도 상당합니다. 그럼에도 우리가 새롭게 발굴하고 기억하고 연구하고 주목해야 할 인물들이 교회사에 여전히 적지 않습니다. 또한, 그들을 올바른 신앙의 모범으로 독자들에게 소개하는 것은 이론의 여지없이 중요하고 가치 있는 작업입니다. 그런 의미에서 그레고리오 1세는 이 땅에서 하늘을 추구했던 또 한 명의 거룩한 그

리스도인입니다. 이 땅에서 하나님의 사람으로 **가장 높은 자리**
에 올랐으나, **끝까지 겸손하고 신실하게** 소임을 다했기 때문입
니다.

유능한 공직자에서 수도사가 되기까지

그레고리오 1세는 역대 교황 중 단 두 명에게만 주어진 '대
(the Great)'라는 칭호의 주인공(다른 한 명은 레오 1세)입니다. 동시에
"교회의 박사"로 불린 네 명의 라틴 교부(암브로시우스, 아우구스티
누스, 히에로니무스) 중 한 사람입니다. 하지만 정작 자신은 늘 "하
나님의 종들 중의 종"으로 불리길 원했습니다. 이 특별한 사람,
그레고리오는 540년 로마에서 오랜 전통과 막대한 부를 소유한
명문가에서 태어났습니다. 교황 펠릭스 3세(Felix Ⅲ, 483~492)도
이 가문 출신이었으니, 당대의 명문가였음이 틀림없습니다. 그
가 태어났을 무렵, 로마는 반복되는 전쟁과 자연재해로 최악의
상태에 처해 있었습니다. 4세기부터 본격화된 게르만족의 대이
동이 이탈리아반도에 치명타를 가했지요. 476년, 서로마 제국
이 멸망할 정도로 말입니다. 이탈리아반도의 여러 지역이 여전
히 동로마 제국(비잔틴 제국)의 관할하에 있었습니다. 하지만 거
듭되는 게르만족의 침입으로 찬란했던 로마 제국의 자취는 어

느새 사라지고, 만연한 빈곤과 질병에 의해 빠르게 쇠퇴하는 중이었습니다. 교황이 거주하던 도시 로마도 사정은 크게 다르지 않았습니다. 특히 동고트족의 토틸라(Totila)가 546년에 두 번째로 로마를 침략한 이후, 동고트족과 동로마 제국 사이에 전쟁이 반복되면서 로마의 식량 공급은 중단되고 말았습니다. 그 결과, 주민들은 생존을 위해 풀을 뜯어 먹어야 했습니다. 사람들 사이에서 종말 신앙도 널리 퍼졌고, 속세를 떠나서 기도와 노동에 전념하는 수도원 운동도 유행했습니다.

이런 상황에서, 그레고리오의 부모는 로마를 떠나 시칠리아(Sicillia)로 거주지를 옮겼습니다. 이후 그레고리오는 라틴 문학, 수사학, 변증법, 법학을 공부하여 공직에 진출했습니다. 자신의 지위에서 탁월한 능력을 발휘하여 33세에 로마 시장(prefect)이 될 정도로 출세도 빨랐습니다. 하지만 바로 그해에 아버지가 세상을 떠났습니다. 그는 모든 공직에서 물러난 후, 아버지의 유산을 처분하여 수도원을 설립했습니다. 먼저, 로마에 있던 그의 대저택을 베네딕트 수도원으로 변경하여 성 안드레아(St. Andrea)에게 헌정했고, 시칠리아에 있는 그의 집안 영지에 6개의 수도원을 설립했습니다. 공직에서 물러난 그레고리오 자신도 수사가 되어 기도와 성경 연구에 몰두했지요. 평생 이 시절을 자신의 생애에서 가장 행복했던 때로 기억할 정도로, 그레고리오는 수도원 생활을 사랑했습니다.

수도원에서 교황청으로

하지만 혼란하고 힘들었던 시절, 수사나 선교사로 살고 싶었던 그레고리오의 꿈은 허망한 사치에 불과했습니다. 그처럼 유능한 인재를 위기에 처한 세상이 내버려 두지 않았기 때문입니다. 교황 베네딕토 1세(Papa Benedetto I)가 그를 로마의 7개 교구 중 한 곳의 부제로 임명하여 행정과 빈민 구제의 책임을 맡도록 했습니다. 다음 해(579년)에는 롬바르드족의 침략으로부터 로마를 지켜야 했던 신임 교황 펠라기오 2세(Papa Pelagio II)가 동로마 제국의 지원을 요청할 목적으로 그레고리오를 제국의 수도 콘스탄티노플에 대사로 파견했습니다. 하지만 당시에 동로마 제국은 페르시아, 아바르족, 슬라브족 등의 위협에 대처하느라 로마를 지원할 여력이 없었습니다. 이런 상황에서 그레고리오는 자신과 함께 콘스탄티노플까지 동행한 동료 수사들과 생활하며 수도원적 삶을 이어 갔습니다. 그리고 자신을 따라온 로마인들을 대상으로 욥기서 강해도 진행했습니다. 이 강해들은 그가 교황이 된 후 『욥기 주해』(*Magna Moralia*)라는 제목으로 출판되었습니다.

585년, 그레고리오는 콘스탄티노플 생활을 마치고 로마로 귀환했습니다. 그는 지체 없이 자신의 수도원으로 돌아가서 그토록 갈망하던 수사 생활을 다시 시작했습니다. 하지만 5년 후 교황 펠라기오 2세가 역병으로 선종하자, 그는 로마인들의 절대적인 지지 속에 새 교황으로 선출되었습니다. 사실, 그는 교황직을 결코 원치 않았습니다. 수사의 삶을 포기하고 싶지 않았을 뿐 아니라, 당시 로마시와 교회가 당면한 현실이 너무 위태롭고 비참했기 때문입니다. 즉 롬바르드족의 군대가 로마 눈앞까지 밀려왔고, 포강이 범람하여 강변에 위치한 교회 소유의 식량 창고가 파괴되었습니다. 로마 시민 전체가 식량 부족으로 극심한 빈곤에 시달려야 했고, 이런 상황에서 역병까지 창궐하여 수많은 사람이 목숨을 잃었습니다. 게다가 롬바르드족을 피해 로마로 몰려온 난민들 때문에 어려움이 더욱 가중되었습니다. 그럼에도 동로마 제국은 아무런 도움도 주지 못했습니다. 이런 상태에서 교황으로 선출되었으니, 그가 당황하고 두려워했던 것도 지극히 당연했습니다. 수사 출신으로 교황에 등극한 최초의 인물인 그레고리오는 한 편지에서 당시 상황을 이렇게 표현했습니다.

자신은 물이 잔뜩 들어찬 낡은 배 한 척을 상속받았는데, 그 배의 목재들은 썩어서 난파될 위기에 처해 있다.

그레고리오는 극심한 내적 갈등을 겪은 후 마침내 결단을 내렸습니다. 마치 난파선을 구조하는 해군 제독처럼 탁월하게 자신의 책임을 감당해 나갔지요. 먼저, 그는 당면한 빈곤을 해결하기 위해 교회의 장부를 정리하고 비생산적인 교회 재산을 처분하여 구제 기금을 마련했습니다. 또한, 교회 소유 토지에서 판매용으로 재배하던 곡물을 로마로 가져와서 빈민들에게 무상으로 배급했습니다. 특히 가난한 사람들 가운데 병이 들어 배급품을 수령하러 올 수 없는 경우, 성직자들이 직접 방문하여 물품을 전달하도록 조치했습니다. 그리고 매일 12명의 극빈자를 자신의 식탁에 초대해서 함께 식사했습니다. 뿐만 아니라, 그는 롬바르드족의 침략으로부터 로마를 지켜 내야 했습니다. 동로마 제국이 손을 놓은 상황에서, 그레고리오는 자체적으로 집정관을 임명하고 교회에서 군대 비용을 지급했습니다. 592년, 아길룰프(Agilulf) 왕의 통솔하에 롬바르드족이 로마로 쳐들어왔을 때, 그는 2년 동안 끈질기게 협상을 진행하여 로마를 구했습니다. 아길룰프에게 거액의 배상금을 지급해야 했지만 말입니다. 이런 상황에서, 동로마 황제 마우리키우스(Mauricius)는 오히려 자신의 권한이 침해당했다며 교황을 비판했습니다. 하지만 그레고리오에 대한 로마 시민들의 신뢰와 존경은 더욱 깊어 갔습니다.

그 외에도 그레고리오는 교황으로서 본연의 임무에도 최선을 다했습니다. 무엇보다 그는 자신의 수도원 출신인 캔터베리의 아우구스티누스(Augustine of Canterbury)와 40여 명의 선교사들을 잉글랜드에 파송하여 켄터베리를 중심으로 영국 교회가 뿌리내리도록 도왔습니다. 이후, 네덜란드와 독일에도 선교사들을 파송하여 이교도들의 개종이 크게 확대되었습니다. 제도적 측면에서는 교회의 전례와 음악을 정비하여 가톨릭교회 예배와 음악의 토대가 마련되었습니다. 성직자들의 독신 제도를 강력히 시행했을 뿐 아니라, 도덕적으로 함량 미달인 성직자들을 징계하고 수사들의 재산 소유를 금지했습니다. 그 결과, 교회의 영적·도덕적 수준이 크게 신장되었지요. 뿐만 아니라, '총대주교'라는 명칭을 사용하는 동방 정교회에 맞서 로마 교회의 우위권을 주장했습니다. 『교황연대기』의 저자인 존 노리치(John J. Norwich, 1929-2018)는 이 문제에 대해 다음과 같이 평가했습니다.

초기 중세시대의 가장 위대한 교황인 그레고리오가 이룬 가장 중요한 업적은 로마의 가톨릭교회가 세상에서 가장 중요한 기관임을, 그리고 그 조직 내에서는 교황권이 최고의 권위임을 사람들의 생각 속에 뿌리 깊이 심어 주었다는 것이다.

그 외에도 그레고리오는 쉬지 않고 글을 써서 방대한 양의 저술을 남겼습니다. 『사목지침서』(Regulae Pastoralis Liber, 591)는 주교의 선출 방법 및 사목과 관련된 다양한 주제를 다루고 있는

데, 오랫동안 성직자들에게 지대한 영향을 끼친 책입니다. 『강론집』(*Homilies*)은 그가 592-593년 사이에 복음서와 구약 일부에 대해 강론한 것을 편집한 것이고, 『대화집』(*Dialogues*, 593)은 여러 성인들의 생애와 그들이 행한 기적들을 기록한 작품입니다. 특별히 총 4권으로 구성된 이 책의 제2권에서, 그레고리오는 누르시아의 성 베네딕토의 생애를 상세히 소개했습니다. 또한, 총 35권으로 편집된 『욥기 주해』(*Magna Moralia*, 595)는 그의 저서 중 가장 유명하며, 욥기를 통해 다양한 도덕적인 문제들을 다루었습니다. 한편, 그가 쓴 854통의 서신들이 지금까지 남아 있어서 그의 생애와 사상을 연구하는 데 귀중한 자료로 사용되고 있습니다.

이처럼, 가장 어려운 시기에 중책을 맡아 불철주야 헌신했지만, 그레고리오의 말년도 젊은 시절과 크게 다르지 않았습니다. 무엇보다, 제대로 쉬지도 못하면서 행정과 사목, 집필에 몰두한 결과, 그의 건강이 크게 악화하였습니다. 질병으로 몸과 마음이 많이 상한 것입니다. 그가 세상을 떠나기 4년 전 어느 날 했던 말입니다.

근 2년 동안 나는 침상 위에 매여 있었다. 통증이 너무 괴로워서 축일에조차 세 시간 동안 일어나 미사를 봉헌하기가 버겁다. 나는 매일 죽음의 문턱에 서고, 매일 그 앞에서 내쳐진다.

롬바르디드족이 또다시 침략을 준비하고, 다시 찾아온 역병과 기근으로 로마에 탄식 소리가 가득하던 604년, 마침내 그의 지친 숨이 멈추었습니다.

그레고리오의 영성과 목회

그레고리오 1세는 교회사에서 가장 위대한 교황 중 한 명으로 눈부신 업적을 이루었고, 그 영향과 유산이 오늘까지 이어지고 있습니다. 하지만 그는 자신의 정체성을 수사로 인식했으며, 그가 수도원에 머물 때나 교황의 대사로 해외에 거할 때, 심지어 교황으로 하루하루 정신없이 살 때조차 수도원의 이상을 자신뿐 아니라 동료 성직자들을 포함한 모든 신자에게 적용·실천하기 위해 분투했습니다. 그는 예수 그리스도를 닮기 위해 몸부림쳤던 누르시아의 성 베네딕토를 자신의 롤모델로 삼고, 하나님을 온전히 알고 경험하기 위해 최선을 다했습니다. 동시에 모든 신자가 일생 훈련, 노력, 기도, 성경을 통해 하나님의 마음을 알고 진정한 회심과 충만한 삶을 향해 정진하도록 권면했습니다. 이런 자신의 이상을 구체적으로 실현하기 위해, 그레고리오는 같은 꿈을 꾸는 성직자들을 중용하고 부패한 자들을 징계하여 금욕적인 영성을 소유한 이들이 교회에서 영적 지도력을 발휘하도록 유도했습니다. 또한, 그의 영성 훈련은 단지 세상과 분리된 금욕적인 훈련이나 신비 체험에 궁극적인 가치를 두지 않았습니다. 항상 그의 1차적인 관심사는 세상에서 고통받는 사람들과 그들에 대한 진심 어린 섬김이었습니다. 그래서 그레고리오는 신자들이 아무리 지고하고 복된 관상 기도를 드릴 때조차, 어려움에 처한 이들이 도움을 청하면 언제든지 기도를 멈출 수 있어야 한다고 주장했던 것입니다.

그레고리오는 젊은 시절 공직에 진출하기 위해 수사학, 문학, 법학을 공부했습니다. 그래서 행정과 외교, 정치면에서 뛰어난 능력을 발휘할 수 있었습니다. 그럼에도 그는 본질적으로 성직자였습니다. 그것도 신자들에게 성경을 가르친 영적 지도자였습니다. 그레고리오는 교황이 된 후, 몸이 상할 정도로 쉬지 않고 글을 쓰고 설교하며 서신을 작성했습니다. 하지만 그의 모든 글은 성경에 대한 깊은 관심, 치밀한 성경 연구, 영적 훈련을 위한 성경의 중요성, 그리고 끝없는 성경 인용으로 가득합니다. 동시에 그는 성경을 '살아 있는 실체', 즉 '공동체와 개인 모두를 향한 하나님의 인격적 말씀'으로 이해했습니다. 그래서 모든 성도가 말씀을 묵상함으로써 '하나님의 마음'을 알고 날마다 하나님과 동행하며, 궁극적으로 온전한 회심에 도달하도록 설교하고 글을 썼습니다. 그런 맥락에서 그레고리오는 올바른 성경 해석을 위한 세 단계를 건물 건축에 비유하며 다음과 같이 소개했습니다.

1. 역사적 배경을 명확히 밝힘으로써 토대를 놓으라.
2. 믿음과 알레고리를 사용하여 벽을 세우라.
3. 사람들에게 본문의 도덕적 의미를 설명하고 성경에 근거한
   덕스러운 삶을 안내하여, 건물에 풍부한 색깔을 입히라.

그레고리오는 동방 정교회에 대항해서 서로마 교회의 우월함과 교황권의 권위를 확립한 인물로 유명합니다. 하지만 그런 행적 이면에 인간의 평등권을 주장하고 사회적 약자를 존중하며 권세 있는 자들에게 섬김의 리더십을 요구했던 전혀 다른 모습도 존재했습니다. 이것이 그의 진면목입니다. 즉 그레고리오는 인간의 근원적인 평등을 믿었으며, 사회적 불평등과 위계질서를 죄와 심판의 산물로 이해했습니다.

모든 인간이 평등하게 태어났다는 것은 분명하다. 각 사람의 다양한 과실과 죄로 인해 사람의 신분이 달라졌다. 이런 다양성은 악에서 기원한 것인데, 하나님의 심판으로 결정된 것이다.

이런 신념과 확신을 토대로, 그레고리오는 사회적 약자인 노예, 유대인, 농노에 대한 부당하고 불평등한 대우를 강력히 비

판하면서, 그들의 권리 보호를 촉구했습니다. 같은 논리에서, 그는 권력을 가진 이들에게 교만이나 억압의 태도를 버리고 겸손히 '섬김의 리더십'을 발휘하라고 요청했습니다. 그는 지배할 목적으로 통치권을 사용하는 사람은 예수의 성육신을 부정하는 위선자라고 비판했습니다. 반면, 아랫사람의 복지를 위해 권력을 행사하는 것이 섬김의 리더십의 이상적인 모습이라고 주장했습니다. 그래서 그레고리오도 자신을 "가난한 사람들의 재산을 관리하는 청지기"로 간주하며 이런 이상을 실천하기 위해 끝까지 최선을 다했지요. "이 시기에 그레고리오의 편지들은 인권에 대한 제퍼슨적 이해를 떠올리게 한다."라는 카이틀린 사플레턴(Caitlin Sapleton)의 평가는 결코 과장이 아닙니다.

생각 나눔

그레고리오 1세는 여러모로 탁월한 사람이었습니다. 태어난 집안도 예외적일 만큼 유복했습니다. 훌륭한 교육을 받았고, 자신의 능력을 맘껏 발휘하며 승승장구했습니다. 동시에 그는 종교적인 열정과 고귀한 이상을 품은 사람이었습니다. 세속의 출세보다 영적 고결함을 더 소중하게 생각했을 정도로. 그래서 자신이 가진 모든 것을 포기하고 기꺼이 수도사의 삶을 추구할 수 있었습니다. 하지만 로마 역사상 가장 위태롭고 혼란했던 시기에 살았으므로, 위기에 처한 세상은 그렇게 유능하고 순결한 영혼을 수도원에서 평안히 머물도록 허락하지 않았습니다. 결국 게르만족의 침입으로 절체절명의 위기에 처한 민족을 구하고, 기근과 질병으로 죽어 가는 민중을 살리며, 길을 잃은 교회를 선한 길로 인도하는 거의 불가능한 역할과 책임이 그에게 주어졌습니다. 그리고 그는 모든 일을 경이롭게 감당해 냈습니다. 따라서 그에게 주어진 "대(the Great)"라는 칭호는 결코 과장이 아닙니다. 정말 그는 유능한 지도자였습니다.

하지만 그의 생애에서 우리에게 가장 큰 울림을 주는 것은 그가 시종일관 겸손한 자세로 가난한 자들을 섬겼다는 사실이 아닐까요? 교황의 식탁에 매일 12명의 극빈자들을 초대했다는 기록은 그레고리오가 어떤 정신과 성품을 지닌 교황이며, 그의 궁극적 가치가 어디에 있었는지를 상징적으로 대변합니다. **가난하고 소외된 이웃들을 향한 그의 관심은 구체적인 정책으로** 표현되었고, 그것은 그가 교황의 자리에 있는 동안 변함없이 실천되었습니다. 이런 삶이 가능했던 이유는 그가 끊임없이 말씀을 묵상하고 기도에 전념하면서, 세상의 고통에 민감히 반응했기 때문입니다. 그레고리오는 수도사 출신 교황으로서 평생 성경 연구과 관상 기도에 집중했습니다. 동시에 그런 학문과 영성은 구체적으로 **사회적 약자를 돕고, 길 잃은 교회를 올바로 인**

도하며, 위기에 처한 세상을 구하는 것으로 열매를 맺었습니다. 또한 자신의 이런 영성과 신학이 동료 성직자들뿐 아니라, 모든 성도들에게 흘러가도록 최선을 다했습니다. 지고의 자리에서 군림하며 명령하는 교황 대신, '가난한 사람들의 재산을 관리하는 청지기'로서 말입니다. 진정 그는 선한 목자였습니다.

이런 그레고리오의 인격과 사역은 이 시대의 많은 목회자와 성도를 부끄럽게 할 것입니다. 돈, 섹스, 권력의 덫에 걸려 거룩한 교회를 허물어뜨리고 세상의 조롱거리로 전락시킨 목회자들이 적지 않기 때문입니다. 최고의 명문 대학에서 박사 학위를 마친 신학자들이 신학교들마다 즐비하지만, 지성과 영성, 인격과 신앙으로 한국 교회를 '좁은 길'로 인도할 영적 스승은 턱없이 부족하기 때문입니다. 뛰어난 학력과 경력을 바탕으로 정계에 진출했지만, 정작 그 자리에서 세상을 바꿀 의지와 능력이 부족한 기독교인 정치가들이 많기 때문입니다. '하나님의 은혜로' 사업에 성공하여 큰 부를 얻었지만, 물질적 탐욕을 극복하지 못하여 이웃의 신음을 외면하는 '가난한 부자들'이 교회 안에 존재하기 때문입니다. 반복해서 금식하며 기도 생활에 전념하고 바쁜 와중에도 성경 읽기와 성경 공부에 매진하며 모든 예배와 교회 행사에 빠짐없이 참석하지만, 정작 성경적 진리에 무지하고 진정한 제자도에 무관심한 신자들이 '정상적인 신자'로 여전히 칭송되고 있기 때문입니다. 이런 면에서 그레고리오는 참으로 예외적인 신자였습니다.

사실, 오늘날 우리 사회와 교회가 경험하는 혼란과 갈등의 상당 부분은 크고 작은 영역에서 자격 미달과 능력 부족의 지도자들이 '갑질과 막장의 삼류 드라마'를 찍고 있기 때문이 아닐까요? 그러하기에, 최정상에서 탁월한 능력을 발휘했으나 끝까지 자신을 "하나님의 모든 종들의 종"으로 간주하며 섬김의 리더십을 실천했던 그레고리오 1세가 참으로 그립고 아쉬울 수밖에 없습니다. 그러나 정말 **그립다면**, 그를 기억하고 연구해야 합니다. 그의 지혜와 영성을 배워야 합니다. 그리고 정말 **아쉽다면**, 우리가 먼저 그의 모범을 따라야 합니다. 비록 한계가 자명하지만, 우리도 그레고리오처럼 하나님을 알고 닮기 위해 성경을 묵상하고 기도하면서 겸손히 어려운 이웃을 섬기도록 최선을 다해야 합니다. 그렇게 날마다 진정한 회심을 향해 한 걸음씩 나아가야 합니다. 아직도 우리에게는 기회가 남아 있기 때문입니다.

묵상과 토론을 위한 질문

1. 그레고리오 1세는 로마 제국과 교회가 게르만족의 침입으로 절체절명의 위기에 처했을 때 교황직에 올랐습니다. 그리고 당면한 난제들을 탁월하게 해결해 나갔지요. 지도자의 중요성을 가장 분명하게 보여 준 경우입니다. 그렇다면 여러분이 경험한 최고의 지도자와 최악의 지도자는 각각 누구였으며, 이유는 무엇이었습니까?

2. 그레고리오 1세는 자신의 식탁에 늘 가난한 사람들을 초대하여 함께 식사했다고 합니다. 여러분에게 이 에피소드는 어떤 교훈을 줍니까?

3. 그레고리오는 사제의 개인적 영성을 강조했지만, 위기에 처한 이웃을 섬기는 행동을 더 중요하게 생각했습니다. 당신의 경우, 교회 안의 종교 활동과 교회 밖의 일상생활이 어떤 관계를 맺고 있습니까? 교회에서 배우고 익힌 것이 일상생활로 자연스럽게 이어지고 있습니까?

Chapter 4

아시시의 성 프란치스코

복음의 능력을 삶으로 입증한 사람

(Saint Francis of Assisi, 1181-1226)

　　모든 인간은 **이상과 현실 사이에서** 힘겨운 줄타기를 하며 삽니다. 이상을 포기하는 순간, 인간의 삶은 현실의 덫에서 벗어날 수 없습니다. 반면, 현실을 간과한 이상은 공허한 망상일 뿐입니다. 그래서 현실의 덫에 발목이 잡힌 대부분의 인간은 이상을 외면하며 현실에 집착합니다. 이런 현상은 심지어 종교 안에서도 쉽게 발견됩니다. 종교마저 구원의 방주가 아닌 현실의 이념으로 작동할 때가 빈번하기 때문입니다. 기독교라고 크게 다르지 않은 것 같습니다. 하지만 이런 일반적인 현실에서 주목할 만한 예외도 적지 않습니다. 이상을 현실로 살았던, 성경에서 읽은 예수의 삶과 가르침을 어린아이처럼 실천했던 가난한 사람 아시시의 성 프란치스코. 분명히 예외적인 인물이지만, 단지 예외로만 남겨 둘 수 없는 교회사의 보물입니다.

아시시에서 부유하게 태어나서 스스로 가난해지다

프란치스코는 1181년 이탈리아 움브리아 지방의 아시시에서 직물업자 피에트로 베르나도네(Pietro Bernadone)와 프랑스 귀족 가문 출신 피카 베르나도네(Pica Bernadone)의 첫째 아들로 태어 났습니다. 프란치스코의 아버지 피에트로는 가죽 장사로 큰돈 을 벌었습니다. 그가 사업차 프랑스에 가 있는 동안 아내 피카 가 홀로 프란치스코를 낳았습니다. 이 아기의 세례명은 요한이 었습니다. 하지만 여행에서 돌아온 피에트로가 자신의 첫아들 을 프란치스코라고 불렀습니다. 결국 그것이 이 아이의 이름이 되었는데, 프랑스를 좋아했던 아버지의 고집이 승리한 결과였 습니다. 직물업으로 크게 성공한 피에트로는 자신의 상점뿐 아 니라 거대한 토지를 소유한 아시시의 유력 인사가 되었습니다.

한편, 프란치스코가 태어나고 성장한 시기는 전쟁과 갈등의 시대였습니다. 성지 탈환을 목적으로 시작된 무슬림과의 십자군 전쟁이 절정에 달했고, 유럽 전역에서 주도권을 두고 국가 간의 전쟁이 끊이지 않았습니다. 이탈리아반도 내에서도 황제파와 교 황파 간에 갈등과 다툼이 멈출 줄 몰랐으며, 귀족 계급과 상인 · 농민 계급 간의 계급 갈등도 지속되었습니다. 그 결과 살인, 폭 력, 강탈이 싸움, 전쟁과 함께 날마다 계속되었으며, 이 모든 갈 등과 다툼이 프란치스코가 태어난 아시시에도 그대로 중첩되어 반복되고 있었습니다.

이런 가정적 배경과 정치적 현실 속에서, 프란치스코는 동생 안젤로와 함께 아시시의 산 지오르지오 성당학교에서 교육을 받았습니다. 그는 특별히 우수한 학생도 아니었고, 그렇다고 특별히 경건한 아이도 아니었습니다. 오히려 부유한 가정에서 성장한 프란치스코는 놀이와 사치에 열중하며 청소년기를 보냈습니다. 하지만 어머니의 선한 감수성을 물려받았는지, 가난한 사람들에 대해서는 깊은 동정심을 느꼈습니다. 그래서 아버지의 상점을 찾아와서 구걸하는 걸인들을 혐오하면서도 아낌없이 적선을 베풀곤 했습니다. 동시에 프란치스코는 아시시에서 발발한 전쟁에 참여하여 포로가 되는 경험을 한 후, 당대의 많은 젊은이들처럼 기사가 되는 꿈을 품었습니다. 아버지도 그런 그의 꿈을 적극적으로 지지하고 지원했습니다.

하지만 기사가 되기 위해 만반의 준비를 하고 떠났던 프란치스코는 스폴레토(Spoleto)에서 기도하던 중 "잘못된 판단으로 선택한 전쟁의 길을 접고 아시시로 되돌아가라"라는 목소리를 들었습니다. 이후 그는 점점 다른 사람으로 변하기 시작했습니다. 자신의 진로를 위해 하나님과 기도하는 시간이 늘어났고, 친구들과의 유흥에는 흥미를 잃었으며, 가난한 사람들에게 자선을 베푸는 일이 더욱 빈번해진 것입니다. 그런 번민의 시간이 계속되자, 그는 주님의 뜻을 확인하기 위해 로마로 순례를 떠났습니다. 그곳에서 사람들의 값싼 경건에 실망했고, 거지들과 함께 지내며 거지 생활도 체험했습니다. 다시 고향으로 돌아온 후에는 예전에 혐오 대상이던 나병 환자들에게 입을 맞출 정도로 사람이 달라졌습니다.

성당을 재건하며 수사로 변모하다

1205년 어느 날, 프란치스코는 아시시 주변을 거닐다 산 다미아노(San Damiano) 성당에 들어갔습니다. 이 성당은 당시에 반쯤 무너졌고 제단의 램프 기름조차 부족할 정도로 초라한 형편이었습니다. 성당 안에서 기도하던 프란치스코가 십자가를 바라보았을 때, 십자가에 달린 예수께서 말씀하시는 소리가 들렸습니다. "프란치스코야, 가서 내 집을 복구하라. 다 무너지는 것이 보이지 않느냐." 그는 이것을 자신의 사명이자 속죄의 방편으로 받아들였습니다. 즉시, 아버지 상점의 물건과 말을 팔아 돈을 마련하고 성당 사제에게 가져다주었습니다. 하지만 사제는 그의 행동의 진정성을 의심했습니다. 도시의 유력자인 그의 아버지가 두려워서 그 돈을 받지 않았습니다. 그럼에도 프란치스코는 돈주머니를 성전 구석의 창문턱에 던져 놓았습니다.

프란치스코가 자신의 상점에서 물건을 내다 팔아 교회에 헌

금하고, 사람들에게 성당 공사를 위해 구걸하고 다닌다는 사실을 알게 된 아버지 피에트로는 실망과 분노에 휩싸였습니다. 그리고 심지어 프란치스코를 상대로 소송까지 제기했습니다. 결국, 두 사람은 주교 관구 앞의 성모 마리아 광장에서 만났습니다. 주교가 프란치스코에게 아버지의 돈을 돌려주라고 명령하자, 프란치스코는 주저 없이 자신이 입고 있던 옷을 모두 벗어 갠 다음 돈 자루를 얹어 아버지에게 돌려주면서 이렇게 말했습니다.

"피에트로 베르나도네 님, 이것들을 모두 가져가십시오. 당신은 이제부터 나의 아버지가 아닙니다. 앞으로 나의 유일한 아버지는 하늘에 계신 주님, 오직 그분 한 분뿐이십니다."

이렇게 프란치스코는 자신의 가족 및 과거와 결별했습니다. 물론 종종 거리에서 가족과 친구들을 만날 때마다 힘들고 고통스러웠지만, 더 이상 옛 삶으로 돌아갈 수는 없었습니다.

이후, 프란치스코는 사제의 허락하에 산 다미아노 성당에 기거하며 직접 성당을 수리했습니다. 그는 마을에 내려가서 성당 재건을 위한 돌과 음식을 구걸했습니다. 사람들의 비난과 조롱을 견디고 걸인들과 친구가 되었습니다. 그렇게 산 다미아노 성당을 수리한 후에는 아시시 성벽 근처에 위치한 산 베드로 성당과 포르치운쿨라(Porziuncula)의 산타 마리아 성당도 차례로 수리 했습니다. 이후 프란치스코는 산타 마리아 성당 근처에 움막을 짓고 기거하기 시작했습니다. 그 성당 근처에는 그의 오랜 나병 환자 친구들이 사는 산 살바토레(San Salvatore) 병원이 있었습니다. 그렇게 몇 년이 지난 1208년 2월 말, 산타 마리아 성당에서 열린 성 마티아 기념 미사에서 사제가 마태복음 10장을 읽을 때 프란치스코는 큰 감동을 받았습니다. 미사 후 사제에게 그 말씀의 의미를 설명해 달라고 요청하자, 사제는 그리스도의 제 자들이 어떤 경우든지 금, 은, 여벌 옷, 신발, 지팡이, 여행 보 따리를 소유해서는 안 되며 오직 천국과 회개를 선포해야 한다 고 설명해 주었습니다. 그 순간 프란치스코는 단호하게 선포했 습니다.

"바로 이것이 내가 찾던 바야! 나는 이것을 실천하겠어!"

그는 이 말씀을 암기하고 삶에서 실천하기 위해 온 힘을 다 했습니다. 이후 프란치스코는 기도와 묵상에 전념하면서, 여러 마을을 다니며 이탈리아어로 쉽고 생생하게 복음을 전했습니 다. 대부분의 사제들이 그에게 성당에서 설교할 기회를 거부했 기 때문에, 그는 짚 더미나 곡식 창고, 공공건물 앞, 혹은 계단 에서 행인들에게 설교했습니다. 그럼에도 예상과는 달리 그를 따르는 사람들이 생겨나기 시작했습니다. 그의 첫 제자는 잠시 머물다 옛 삶으로 돌아갔으나, 아시시의 부족한 귀족 베르나르, 법률 전문가 카타니, 농부 길레스, 사제 실베스터 등이 각자의 재산과 가족을 포기하고 프란치스코를 따랐습니다. 하지만 제자들이 급증하면서 주거와 음식 같은 현실적인 문제들이 발생했고, 그들의 구걸 활동이 마을의 심각한 문제로 떠올랐습니다. 결국 주교가 개입하여 그들에게 토지를 제공할 의사를 전달하며 보다 온건한 삶의 방식을 요청했습니다. 하지만 프란치스코는 그런 제안을 단호하게 거절했습니다. "주교님, 저희가 그 소유물을 얻게 되면 그것을 지키기 위해 무기가 필요할 것입니다. 그것을 지키는 과정에서 소송이 발생할 것이며, 그 소송으로부터 분열이 발생하고, 분열 때문에 사랑과 평화가 줄어들 것입니다."라는 답변과 함께 말입니다.

하지만 이런 경험을 통해, 프란치스코와 그의 형제들은 재산을 소유하지는 않지만 자신들의 손으로 겸손하게 땅을 경작해서 식량을 구하기 시작했습니다. 그리고 프란치스코는 이들의 공동생활을 위해 구체적인 지침도 마련했습니다. 이후, 교황의 승인을 얻기 위해 12명의 '아시시의 참회자들'이 로마를 방문하여 교황 인노첸시오 3세(Papa Innocenzo III)를 알현했습니다. 1209년 당시 유럽에서는 카타리파로 대표되는 다양한 이단 혹은 개혁 운동이 급증하면서 교황청의 근심이 고조되고 있었습니다. 따라서 교황도 새로운 교단이나 수도원을 설립하는 대신, 기존의 수도원 규칙 중 하나를 따르라고 이들에게 권면했습니다. 하지만 프란치스코는 끈질기게 교황을 설득하여 비공식적인 승인을 얻을 수 있었습니다. 교황은 프란치스코를 부제로 임명했고, 그와 동료들에게 다른 수사들처럼 삭발하도록 명령했습니다. 그렇게 프란치스코 수도회가 세상에 모습을 드러낸 것입니다. 복종, 가난, 순결, 기도, 충성을 추구하면서 말입니다.

현실의 한계 앞에서 꿈이 흔들리다

이 공동체는 빠르게 성장했습니다. 프란치스코의 거룩한 성품과 삶, 가르침에 대한 소문이 빠르게 확산하면서, 1215년 이탈리아 북부와 중부, 프랑스 남부와 스페인에서도 그를 따르는 사람들이 생겨났습니다. 1219년에는 그 수가 3,000명에 이르면서, 체계적인 운영을 위해 조직을 정비해야 할 필요성이 고조되었습니다. 그래서 수도회를 12개의 대교구로 나누고 대교구장을 임명했습니다. 한편, 이들을 위한 선물도 늘어났습니다. 그레초의 영주 조반니 디 벨리타(Giovanni di Velita)가 레이티 계곡 윗쪽의 농장 일부를 수사들에게 내주었으며, 롤란드(Roland) 백작이 라 베르나(La Verna) 산 정상의 토지를 기부하여 수사들의 기도와 명상을 위해 사용하도록 한 것입니다. 뿐만 아니라, 아시시의 귀족 출신 클라라(Clara, 1194-1253)가 프란치스코 공동체에 합류한 이후, 아시시의 여러 여인들이 그녀의 뒤를 따르면서 여성 수도회도 탄생했습니다. 그들은 자신들을 '가난한 여인들'이라고 불렀습니다.

1207년 총회를 통해, 프란치스코회는 이탈리아를 넘어 전 세계로 사역의 무대를 확장하기로 결정했다. 하지만 현지 언어와 문화에 대한 무지, 무소유의 원칙, 주교나 영주의 공적 후원의 부재 등으로 수사들의 헌신에도 불구하고 결과는 참담했습니다. 하지만 이런 실패를 경험하면서, 이들은 꾸준히 선교의 방법과 지혜를 축적해 갔습니다. 그리고 수년 내에 독일, 보헤미아, 폴란드, 루마니아, 노르웨이, 영국까지 진출했지요. 1209년 총회는 프란치스코의 제안에 따라 이교도들에게도 복음을 전하기로 결의했습니다. 프란치스코도 1211년 시리아로 선교를 떠났으나 강풍으로 항해를 포기할 수밖에 없었고, 2년 후 다시 모로코로 출발했으나 도중에 병이 들어 돌아와야 했습니다. 하지만 2019년 6월, 일루미나토 수사와 함께 십자군이 주둔하고 있던 이집트의 다미에타에 도착할 수 있었습니다. 그는 술탄 멜렉엘 카멜(Melek-el-Kamel)에게 복음을 전하여 폭력적인 전쟁이 평화적으로 종식되길 소망했습니다. 하지만 그들의 노력은 기대한 결과를 얻지 못했습니다. 술탄의 배려로 무사히 돌아온 것이 그나마 다행이었지요. 다미에타(Damietta)에 머무는 동안, 그의 건강이 크게 상했고 뒤에 두고 온 수도회가 큰 위기에 처했다는 소식도 들었습니다. 그가 선교지에서 순교했다는 소문이 돌면서 문제가 발생한 것입니다. 결국, 그는 서둘러 귀국했습니다.

예수의 말씀에 철저히 순종하면서 가난과 평화를 실천하려 했던 프란치스코와 초기 수사들의 꿈은 그의 공동체가 급성장하면서 근본적인 문제에 직면하고 말았습니다. 프란치스코가 세상의 조롱과 우려 속에도 철저하게 고수했던 성경적 이상이 점점 더 많은 새로운 수사들에게 비현실적인 꿈으로 간주되기 시작한 것입니다. 그렇게 많은 수의 수사들이 함께 거처하기 위해서는 안정적인 경제적 기반이 필요하고, 도미니크회처럼 수준 높은 학문적 연구도 필요하다는 인식이 점점 더 확산하였습니다. 이런 변화를 프란치스코는 쉽게 용납할 수 없었지만, 이미 현실은 그의 통제를 벗어난 상태였습니다. 결국, 프란치스코는 거대해진 수도회를 이끌 능력이 자신에게 없다고 판단하고, 오랜 동료이자 제자인 피에트로 카타니(Pietro Cattani)에게 수도회의 수장 자리를 물려주었습니다. 1220년의 일입니다. 하지만 수도회의 영적 멘토로서 그의 역할은 끝나지 않았습니다. 비록 상황은 변했지만 수도회의 설립 정신을 수사들이 망각하지 않도록 지속적으로 교훈했습니다. 또한, 변화된 현실에 보다 적합하게 수정된 수도회 규율을 1223년 9월 총회에 제출했습니다.

교황 호노리우스 3세(Honorius III)는 이 규칙을 프란치스코회의 공식 규율로 같은 해 11월 승인했습니다.

그리스도의 흔적 속에서 마지막 시간을 보내다

수도회 수장의 자리에서 물러난 후, 프란치스코는 더 많은 시간을 기도에 쏟고 그리스도를 닮기 위해 온 힘을 다했습니다. 그런 노력의 일환으로, 프란치스코는 1223년 크리스마스를 기념하여 아시시 맞은편 구릉 지대의 동굴과 나무들 사이에서 아기 예수의 탄생을 재현하고, 마을 사람들을 초대하여 함께 미사를 드렸습니다. 이후 이런 관행이 유럽 전역으로 퍼져 오늘날까지 지속되고 있습니다.

또한 1224년 9월, 프란치스코는 몇몇 수사들과 함께 라 베르나 산으로 40일간 피정(避靜)을 떠났습니다. 9월 14일, 기도 중에 날개가 여섯 개 달린 천사가 그의 머리 위에 나타났으며, 그는 천사의 팔이 십자가에 묶여 있는 환상을 보았습니다. 그리고 환상이 떠나자 그의 손과 발, 옆구리에 상처들이 나타났습니다. 이 상처들에서는 그가 세상을 떠날 때까지 계속 피가 흘렀습니다. 그는 이 사실을 주위 사람들에게 감추려 했으나 불가능했습니다. 그 상처로 인한 고통이 참을 수 없을 정도로 극심했지만,

그와 제자들은 그 상처 자국이 "프란치스코가 그리스도를 본받으려는 삶의 최종적 증거"라고 생각했습니다.

이후, 그의 건강은 급격히 악화하고 말았습니다. 당대의 저명한 의사들이 그를 치료하기 위해 최선을 다했으나 별다른 차도가 없었습니다. 자신의 임종이 다가온 것을 감지한 프란치스코는 자신이 가장 사랑했던 포르치운쿨라(Porziuncula)의 성모 마리아 성당으로 옮겨 달라고 부탁했습니다. 그리고 1226년 10월 3일, 그는 그곳에서 수사들이 부르는 시편 142편을 들으며 숨을 거두었습니다. 사실, 프란치스코는 살아 있을 때부터 이미 사람들에게 성인으로 대접을 받았습니다. 그래서일까요? 그가 사망한 지 2년도 지나지 않은 1228년 7월 19일 교황 그레고리오 9세(Papa Gregorio IX)는 프란치스코를 성인으로 공포했습니다. 1230년 5월, 프란치스코의 유해는 지난 4년간 머물렀던 산 지오르지오 성당에서 새로 건축된 산 프란치스코 바실리카로 옮겨졌습니다. 일평생 주님의 가난한 제자로 살았던 그에게는 전혀 어울리지 않는 너무나 화려한 무덤이었습니다. 더욱이 그의 사후에, 수도회는 마지막까지 사랑과 평화를 추구했던 스승의 뜻과 달리 내부 갈등을 반복하며 여러 분파로 분열했습니다. 안타까운 역사요 유산입니다.

프란치스코 전기『성 프란치스코: 맨발에 누더기를 걸친 아시시의 성자』를 쓴 마크 갈리(Mark Galli)는 오늘날 우리가 프란치스코의 진면목에 주목해야 할 이유를 다음과 같이 표현했습니다.

하느님이라는 화제가 어색하거나 엄격히 한정되어 있는 비종교적인 시대에, 프란치스코의 철저한 경건과 하느님 중독은 오히려 그가 행했던 모든 것을 멀어지게 만든다. 유물론적인 세상에서 우리가 사는 물건에 의해서, 그리고 우리가 누리는 경험에 의해서 인생의 의미와 척도가 계산되는 지금, 맨발에 누더기를 걸친 프란치스코가 우리를 검소함과 가난으로 부르고 있다. 만연한 개인주의에 빠져 있는 문화 속에서 우리는 자아 이외의 어느 것에도 복종하기를 주저하는데, 프란치스코는 우리보다 훨씬 큰 존재에게 전적으로 순종하는 데 인생을 내맡기라고 말하는 것이다. 우리 현대 사회가 프란치스코에 대한 많은 부분을 쓰레기통 같은 역사 속에 던져 버리고 싶다 해도, 현대 사회에게 더 좋은 길을 보여 주는 것은 바로 중세의 프란치스코다.

생각 나눔

한 사람의 그리스도인으로서 프란치스코의 생애는 이 땅에서 예수의 사람으로 사는 것이 어떤 모습인지를 가장 분명하게 보여 줍니다. 부유한 상인이요 지주인 가문의 자식으로 태어나 평범한 삶을 살던 그가 예수님의 음성을 들은 후 전혀 다른 삶을 살기 시작했습니다. 이렇게 예수님의 음성을 듣는 일은 남은 생애 동안 지속되었지요. 예수님은 평생 프란치스코가 닮아야 할 최고의 모델이었습니다. 특히 그는 아기 예수님을 좋아했습니다. 가난한 사람들의 친구였던 예수님을 사랑했습니다. 그래서 그분이 사랑했던 사람들을 사랑했고, 그분이 창조한 세상을 찬양했으며, 그분이 꿈꾸신 세상의 평화를 염원했습니다. 스스로 가난해졌고, 도시를 누비면서 예수님을 전했으며, 이슬람 술탄까지 찾아갔습니다. 머지않아 사람들은 그의 진성성을 이해했고, 그의 모범을 따라 예수님을 믿고 섬겼습니다. 세상이 아무리 타락하고 어두워도 여전히 빛은 빛이고 진리는 진리이기 때문입니다. 사람들이 아무리 탐욕과 음란에 오염되어도 진정한 성인을 정확히 알아보고 그의 삶을 흠모하기 때문입니다. 이 세상이 아직 지옥이 아닌 이유이며, 천국에 대한 소망이 남아 있다는 증거입니다.

하지만 프란치스코의 삶과 그의 공동체의 변화는 이 땅에서 그리스도를 충실히 따르는 것, 이 땅에서 하나님 나라를 모방하는 것이 얼마나 어려운 일인지도 절실히 깨닫게 합니다. 프란치스코나 그를 따랐던 소수의 제자들은 철저한 빈곤을 신앙생활의 목표요 신앙인의 존재 양식으로 규정했습니다. 그리고 그것을 끝까지 실험하고 치열하게 실천했습니다. 하지만 그를 따르는 이들의 수가 급증하면서 공동체의 규모가 비대해졌습니다. 한편으로 이것은 그리스도를 철저히 따르는 제자들의 수가 증가한 것이기에 복된 일입니다. 하지만 이런 양적 성장 때문에 전혀 예상하지 못한 현실적인 문제도 초래했습니다. 그들의 선한 의도가 민폐의 원인으로 돌변하고, 이상과 현실 사이의 심각한 괴리가 발생한 것입니다. 한 개인의 영웅적인 삶이 대중 운동으로 발전하면서, 종교적 실천이 사회적 쟁점으로 진화한 것입니다. 이런 현실적인 장벽 앞에서 다수의 제자들은 프란치스코의 이상 대신 공동체의 현실에 손을 들어 주었습니다. 그렇게 가난한 형제들의 모임은 세계 최대의 수도회로 변모했고, 평생 가난했던 프란치스코를 기념하여 웅장한 대성당이 건축되었습니다. 이 세상이 아직 하나님 나라에 이르지 못했다는 역사적 증거입니다.

이미 자본이 전 세계를 지배하는 신자유주의가 시대 정신이자 삶의 양식이 된 21세기 대한민국에서, 13세기 이탈리아에서 극단적으로 복음을 추구하며 가난을 실천했던 프란치스코의 삶이 과연 어떤 의미를 지닐까요? 가난은 결코 권장하거나 추구해야 할 종교적 이상이 아니라, 어떻게 해서든 극복하고 퇴치해야 할 사회적 악이라고 믿는 시대에, 가난을 사랑하고 권장했던 프란치스코를 신앙의 모범으로 삼는 것이 과연 바람직할까요? 경제적 성공과 물질적 번영을 하나님의 축복과 구원의 증거로 설교하는 종교 안에서, **그리스도를 따르기 위해 재물을 포기하고 탁발을 실천했던 프란치스코식 영성**이 과연 설득력과 타당성을 확보할 수 있을까요? 이미 그의 생전에 자신이 세우고 이끈 공동체 안에서조차 그의 이상은 실천 불가능한 꿈으로 거부되지 않았던가요? 그렇다면 그리스도의 가난한 제자로서 프란치스코의 삶은 오직 극소수의 초인들에게만 가능한 예외적인 것이 아닐까요?

하지만 우리는 교회가 그를 성인으로 추대하고, 교회사가 그를 기억하고 있으며, 오늘날도 그의 삶을 재현하려는 수많은 사람이 존재한다는 사실도 기억해야 합니다. 자본의 힘이 예수의 복음보다 더 인기 있고 더 강력한 힘을 발휘하는 시대이기에, 오히려 우리는 프란치스코의 생애를 기억해야 하지 않을까요? 돈과 부에 대한 열망 앞에서 인간과 생명이 가차 없이 무시되는 문화이기에, 오히려 우리는 프란치스코가 추구했던 '급진적 제자도'를 깊이 묵상해야 하지 않을까요? 교회마저 맘몬의 유혹 앞에서 돌을 떡으로 만들기 위해 자본주의의 주문을 외우고 있기에, 오히려 우리는 프란치스코가 실천했던 가난한 공동체를 치열하게 닮아야 하는 것이 아닐까요? 프란치스코가 예외적, 극단적, 비현실적이라는 이유로 무시되는 것만큼 이 시대의 교회가 복음과 천국에서 멀어진 것이라고 믿기에, 오히려 우리는 어린아이의 믿음으로 맘몬과의 싸움에 뛰어들어야 하지 않을까요? "인자가 올 때에 세상에서 믿음을 찾아볼 수 있겠느냐?"(눅 18:8)라는 주님의 준엄한 예언이 정말 우리의 현실이 될까 두렵습니다.

묵상과 토론을 위한 질문

1. 프란치시코는 성경적 삶을 실천하기 위해 가족과 막대한 부를 포기했습니다. 이런 모습은 번영 신학과 기복 신앙이 지배적인 한국 교회에게 큰 울림을 줍니다. 그렇다면 이 시대에 당신은 예수님을 따르기 위해 무엇을 포기하고 있습니까?

2. 프란치스코는 청빈을 영성의 핵심으로 규정하고 철저하게 실천했습니다. 하지만 그의 이상은 곧 현실의 장벽 앞에서 허망하게 무너지고 말았습니다. 여러분의 경우, 이런 이상과 현실의 차이가 가장 심각하게 드러나는 문제나 영역은 무엇입니까?

3. 프란치스코는 주님과의 일치를 치열하게 추구한 결과, 온몸에 그리스도의 성흔(聖痕)이 나타나는 신비를 체험했습니다. 개인적으로, 당신은 예수님의 어떤 모습을 닮고 싶습니까?

Chapter 5

얀 후스

복음으로 교회와 민족을 품은 개혁자

(Jan Hus, 1371-1415)

이 시대에 **성경적인 교회**를 추구하는 것이 과연 가능할까요? 심지어, 바람직할까요? 물론, 모든 교회가 역사와 현실의 터널을 통과하며 자신의 모습을 형성하기에, 소위 '초대 교회'를 오늘날 완벽하게 재연하는 것은 불가능합니다. 혹자는 이런 현실을 "이교에 물든 기독교"라고 혹평했지만, 그렇게 교회가 변모하는 것은 단지 신자와 교회가 악하고 타락했기 때문만은 아닙니다. 역사적인 존재로서 인간은 시대의 변화에 적응할 수밖에 없고, 현실에 적절히 대응해야 생존할 수 있기 때문입니다. 하지만 그런 현실적인 한계에 인간의 탐욕과 권력의 횡포가 무비판적으로 더해지면, 교회는 쉽게 위선과 기만의 나락으로 추락합니다. 이런 기형적인 현실을 정당화하기 위해 신학의 왜곡과 야만적 폭력마저 난무하면서 말이지요. 그럼에도 이 땅에서 하나님 나라에 대한 비전과 동력이 지속적으로 작동할 수 있었던 것은 최악의 상황에서조차 성경의 진리와 교회의 본질을 추구했던 신실한 사람들이 있었기 때문입니다. 체코(보헤미아) 종교개혁자 얀 후스도 그런 '신실한 사람들' 중 한 명이었습니다.

극빈 속에 뛰어난 교수, 사제, 설교자로 성장하다

얀 후스는 현재의 체코에 해당하는 남 보헤미아의 후시네츠 (Husinec)에서 1371년 가난한 농부의 아들로 태어났습니다. 그래서일까요? 그의 어린 시절은 온통 가난에 대한 기억, 빈곤에서 벗어나고 싶은 욕망뿐이었습니다. 그의 회고에 따르면, 어렸을 때 너무 배가 고파서 체코인들이 즐겨 먹는 호밀빵 흘레바 (Chleba)로 숟가락을 만들어 콩 수프를 떠먹고, 다 먹으면 숟가락마저 먹어 버렸다고 합니다. 또한, 그는 어릴 때부터 사제가 되고 싶었는데, 거룩한 소명 때문이 아니라 가난에서 벗어날 최선의 방법이라고 믿었기 때문입니다. "나는 자신의 악한 욕망 때문에 어렸을 때 빨리 사제가 되어 좋은 집에 살며 화려한 옷을 입고 사람들의 존경을 받으려고 했다. 그러나 성경을 알게 되면서 그것이 악한 욕망임을 알았다." 그런 빈곤한 처지에도 불구하고, 그의 부모는 후스가 장차 사제가 되길 소망하며 그의 교육을 위해 최선을 다했습니다. 이르직 헤레미타가 쓴 후스의 전기에는 이런 대목이 나옵니다.

> 얀 후스는 선지자 사무엘처럼 그의 어머니에 의해 소년 시절부터 주 하나님께 바쳐졌다. 그의 어머니는 빵을 구워서 교장 선생에게 갖다주기 위해서 아들을 데리고 프라하티체에 있는 학교로 가는 도중에 길에서 일곱 번 무릎을 꿇으며 기도하기를, 자신의 아들이 겸손하게 하나님을 섬기며, 찬양을 돌리고 하나님의 백성들에게 유익을 가져다주는 사람이 되게 해달라고 하였다.

후스는 부모의 간절한 바람대로 후에 사제가 되었지만, 그의 청소년 시절은 부모의 기대처럼 특별히 경건한 모습이 아니었던 것 같습니다. 다른 소년들과 다를 바 없이 평범하게 성장했지만, 서서히 소명을 발견하고 성경을 공부하며 신앙과 인격 면에서 성숙한 것으로 보입니다. 후스가 자신의 제자에게 쓴 한 편지에서 이런 구절이 발견되기 때문입니다.

> 자네도 잘 알듯이 나는 성직자가 되기 전에 체스 게임을 좋아하였고, 시간을 허비하였으며, 그리고 자주 나 자신과 다른 사람에게 이 놀이로 화를 냈다네. 내가 셀 수 없는 많은 실수를 범

하였기에, 가장 자비로우신 우리 주님께서 자네를 용서해 주시길 간구하네.

후스는 13살이 된 1384년에 프라하티체 문법학교에 입학하여 초등 교육을 받았고, 1390년에는 프라하대학에 입학하여 10여 년간 철학과 신학을 공부했습니다. 1393년 문학사, 1396년 문학 석사, 1404년 신학사 학위를 연속적으로 취득했으며, 1398년부터 프라하대학에서 강의도 시작했지요. 후스는 1400년 사제 서품을 받은 다음 해부터 프라하의 성 미가엘교회에서 설교하기 시작했습니다. 그리고 1402년에는 프라하대학 소속 베들레헴 채플의 설교자로 임명되었습니다. 1401년부터 1402년까지 프라하대학 철학부 학장을 지냈으며, 1403년에는 6개월간, 1409년에는 다시 1년간 프라하대학 총장에 임명되어 대학 개혁을 주도했습니다.

교회와 민족을 위해 개혁의 선봉에 서다

위대한 종교개혁자로서 후스의 경력은 프라하대학과 운명적인 관계를 맺고 있습니다. 그가 교수이자 총장으로 재직하면서, 동시에 대학 소속 채플 설교자로 활동하면서 다양한 방식으로 대학, 교회, 민족의 개혁과 변화를 주도했기 때문입니다. 뿐만 아니라, 후스의 개혁은 당시 보헤미아와 프라하대학이 직면했던 난해한 문제들 앞에서, 보헤미아의 개혁 전통과 당대에 유행하던 존 위클리프(John Wycliffe, 1330-1384) 사상을 창조적으로 수용하고 실천했던 후스의 꿈과 열정, 헌신의 산물이었습니다.

후스는 대학 채플 설교자로서 자신의 개혁을 시작했습니다. 사실, 후스가 보헤미아 최초의 개혁자는 아닙니다. 그에 앞서 얀 밀리치(Jan Milíč z Kroměříže, 1305-1374)는 프라하 중심지의 홍등가(紅燈街)를 찾아가서 창녀들에게 체코어로 설교하고 성만찬을 베풀다가 이단으로 처형당했습니다. 그의 뒤를 이어, 야노보의 마테이(Matej z Janova, 1350-1393)가 성직자와 마찬가지로 평신도들에게 빵과 포도주를 함께 주는 이종 성찬(utraquism)을 주장했습니다. 이것 또한 로마 가톨릭교회가 이단으로 규정한 불온한 사상이었지요. 이런 전통을 계승한 후스는 베들레헴 채플에서 성경에 근거하여 기존 교회의 부패와 성직자의 타락을 강력히 비판했습니다. 특히 성직 매매를 "성령적인 것과 맞바꾸는 것에 동의하는 악"이라며 통렬하게 공격했습니다. 뿐만 아니라, 설교단에서 체코어로 설교했고 체코어로 성경을 번역 · 출간했습니다. 또한, 일반 회중이 예배 시간에 체코어로 찬송하게 했으며, 자신이 직접 찬송가를 작사하기도 했습니다. 이것은 365년 라오디게아 공의회의 결정에 따라 예배 시간에 회중 찬송이 전면 금지된 오랜 관행을 깨뜨린 것입니다.

후스의 개혁은 프라하대학에서 위클리프(John Wycliffe, 1320?~ 1384)의 사상이 유행하면서 본격적으로 전개되었습니다. 영국 왕 리처드 2세와 보헤미아 공주 안나의 혼인으로 양국의 관계가 긴밀해지면서 보헤미아 학생들이 영국 옥스퍼드대학에서 유학할 기회가 주어졌습니다. 그 결과, 당시 옥스퍼드에서 유행하던 위클리프의 사상이 유학생들을 통해 프라하대학으로 유입되었습니다. 특히 1402년부터 후스도 그런 흐름에 깊이 영향을 받았으며, 동시에 그 영향을 확산시키는데도 크게 기여했습니다. 하지만 유명론에 근거하여 교황제와 사제들의 타락을 강력히 비판했던 위클리프의 사상은 1403년부터 프라하대학을 분열의 광풍에 휩싸이게 했습니다. 위클리프를 지지하는 후스와 이에 반대하는 대주교 츠비넥(Zbynek)을 중심으로 교수들이 양분되면서 극심한 갈등이 발생한 것입니다. 중부 유럽 최초의 대학으로 1348년 제국대학으로 창립된 프라하대학은 초창기부터 독일계 교수와 학생들이 절대 다수를 차지한 반면, 보헤미아 출신은 20% 정도에 불과했습니다. 그 결과, 대학의 총장 선출과 강의 배정을 포함한 중요 사안을 결정하는 과정에서 보헤미아 출신들이 지속적으로 배제와 차별을 겪어야 했습니다. 이런 상황에서 위클리프 문제가 발생하자 갈등이 폭발한 것입니다. 뿐만 아니라, 이런 갈등은 교황청의 분열 때문에 더욱 악화하였습니다. 즉, 로마의 그레고리오 12세와 아비뇽의 베네딕투스 13세가 각각 정통성을 주장하며 대립하자, 1409년 피사공의회가 개최되어 두 교황을 폐위시키고 알렉산더 5세를 새 교황으로 선출했습니다. 그런데 보헤미아 국왕과 후스 진영이 신임 교황을 지지한 반면, 츠비넥과 그의 추종자들은 그레고리오 12세를 지지하여 갈등이 증폭되고 말았습니다. 결국, 국왕 벤체슬라스(Venceslaus IV, 재위 1398-1419)가 이 학교 문제에 개입하여 1409년 '쿠트나 호라' 칙령을 반포함으로써 학교의 주도권이 보헤미아 진영으로 넘어갔습니다. 그리고 후스가 총장에 취임했습니다. 이에 분노한 독일계 교수와 학생들은 프라하를 떠나 라이프치히에 새로운 대학을 설립했습니다.

후스는 교황의 면죄부 판매를 공개적으로 비판하면서 로마교회와 정면으로 충돌했습니다. 피사 공의회에서 새로 선출된 알렉산더 5세가 취임 1년 만에 세상을 떠나자, 요한 23세가 그 뒤를 이었습니다. 그런데 요한 23세는 1412년 나폴리 왕 라디슬라우스(Ladislaus of Naples)와의 전쟁을 위한 경비 마련을 목적으로 위원회를 조직하고, 보헤미아에서도 면죄부를 판매하기 시작했습니다. 후스는 대학 토론회와 베들레헴 설교단에서 면죄부를 강력히 비판했습니다. 그의 영향하에 프라하 시민들이 흥분했습니다. 이 와중에 청년 세 명이 처형당하는 비극이 발행했지요. 그렇지 않아도 후스는 위클리프 옹호자라는 이유로 경계와 감시의 대상이었는데, 이런 혼란 속에서 교황청이 후스를 이단으로 지목하여 조사를 재개했습니다. 후스는 면죄부 반대를 철회하고 로마로 출두하라는 명령을 받았지만, 그런 명령을 단호히 거부했습니다. 결과적으로, 면죄부 판매로 혜택을 누리던 황제와의 관계도 악화하였고, 로마 교회로부터 파문까지 당하고 말았습니다. 심지어, 프라하마저 성사 금지령에 처할 위기에 봉착했습니다. 그야말로 사면초가였지요. 결국 후스는 학교와 교회를 떠나, 보헤미아 남부 지방으로 도피할 수밖에 없었습니다.

후스는 남부 지방을 순회하는 2년 동안, 쉬지 않고 논쟁하고 설교하며 집필에 전념했습니다. 무엇보다, 그는 이 시기에 시골 사람들도 알아듣기 쉽게 체코어로 설교하고 글을 썼으며, 중요한 저작들을 쉬지 않고 쏟아 냈습니다.『믿음, 십계명, 주기도문에 대한 설명』,『삼겹줄』,『성직 매매』,『죄 많은 사람의 거울』,『구원에 이르는 바른길의 깨달음에 대하여』,『여섯 가지 이교 신앙에 대하여』,『주석』, 그리고 그의 대표작인『교회』까지 모두 이 시기에 나왔습니다. 하나만 예를 든다면,『교회』는 1413년 2월 6일 프라하대학 신학부 소속의 교수 8명이 교황 요한 23세의 요청으로 프라하 도심에서 면죄부 판매를 동의하는 문서에 서명한 것에 반발하여 집필한 것입니다. 그는 성경과 교부들에 근거하여 기존의 교회론과 교황권을 맹렬히 공격했습니다.

하나님의 계명을 행하는 신실한 그리스도인들이 하나님의 거룩한 교회에서 진실로 지극히 큰 자이며, 명령하는 자리에 앉아 계명을 행하지 않는 고위 성직자들은 지극히 작은 자이다.

결국, 이 글이 문제가 되었습니다. 후에 그가 콘스탄츠 공의회에서 이단으로 정죄될 때, 바로 이 책에서 대부분의 증거들이 나왔기 때문입니다.

폭력 앞에서 평화의 사도로 죽다

1414년 11월 1일 콘스탄츠에서 공의회가 열렸습니다. 아직도 해결되지 않은 교황청 분열과 후스 문제를 해결하기 위해 1418년까지 연인원 5천여 명이 참석한 대규모 회의였습니다. 후스도 공의회에 참석하라는 명령을 받았습니다. 신성 로마 황제 지기스문트(Sigismund)가 그의 안전을 보장한다고 약속했기 때문에, 후스는 오랜 숙고 끝에 회의에 참석하기로 결심했습니다. 자신의 진심을 논리적으로 설명하면 자신에 대한 오해를 풀수 있으리라 기대하면서 말입니다. 또한, 후스는 교회의 평화를 요청하는 한 편의 설교도 준비해 갔습니다. 하지만 그에게는 설교할 기회조차 주어지지 않았지요. 황제가 약속을 지키지 않았기 때문입니다. 후스는 콘스탄츠(Konstanz)에 도착하자마자 체포되어 감옥에 갇혔습니다. 가혹한 고문도 이어졌습니다. 위클리프 추종자라는 고발과 함께, 그의 견해를 철회하라는 위협과 강요가 반복되었습니다. 이렇게 부당하고 위태로운 상황에서 후스는 끝까지 자신의 정당성을 주장하며 고발자들의 위증에 항의했습니다.

나를 반대하는 거짓 증언자들이 진술한 글을 단 한 줄도 인정하지 않는다. 더 나아가 나의 책에서 발췌한 글들에 대해서, 최소한 바르게 발췌한 문장에 대해서, 한 문장이라도 어떤 거짓된 생각을 포함하고 있다면 진실로 나는 그것을 포기할 것이다. 그러나 진리를 손상시키고 증언자의 견해에 반대하여 말하는 것을 두려워하여 인정할 수는 없다.

하지만 그런 항변도 아무런 소용이 없었습니다. 1415년 7월 6일. 마지막 회의에서 후스를 이단으로 정죄하는 30개 항목이 낭독되었고, 그를 화형에 처하라는 최종 판결이 내려졌습니다. 그의 머리에 '이단의 괴수'라는 글귀와 악마들이 날뛰는 그림이 그려진 종이 모자가 씌워졌습니다. 이후 후스는 화형대의 불길 속에서 찬송을 부르며 생을 마감했습니다. 그리고 재가 된 그의 유골은 라인강에 뿌려졌습니다.

이처럼 후스의 삶은 비극으로 막을 내렸으나, 그가 시작한 종교개혁은 멈추지 않았습니다. 후스의 처형 직후, 보헤미아의 귀족 452명이 그의 처형을 강력히 비난하며 저항했습니다. 교황청은 프라하대학 폐쇄, 사제 서품과 성찬 금지령으로 대응했습니다. 이 과정에서 후스는 보헤미아 민족주의의 상징으로 떠올랐고, 보헤미아에서 후스파 교회도 출현했습니다. 비록 후에 이 교회가 온건파와 과격파로 분리되었지만, 과격파는 1419년부터 1434년까지 교황청에 맞서 영웅적으로 전쟁을 치렀습니다. 그들은 후스의 가르침을 고수하며 성경을 신앙과 생활의 유일한 표준으로 인정했고, 화체설, 고행과 종부성사, 연옥, 죽은 자를 위한 기도, 성상과 성물 숭배를 거부했습니다. 무엇보다 그의 사상은 16세기 종교개혁을 주도한 마르틴 루터(Martin Luther, 1483-1546)에게 큰 영향을 끼쳤습니다. 1519년에 벌어진 라이프치히 논쟁(Leipzig Debate)에서 루터가 위험을 무릅쓰고 후스를 공개적으로 지지했던 것입니다. 스콧 핸드릭슨(Scott H. Hendrix)의 말을 들어 보겠습니다.

에크는 루터가 얀 후스의 추종자들, 즉 보헤미아 이단자들과 한패라고 선동함으로써 확실한 우위를 점했다. 얀 후스는 교황의 권위가 하나님께로부터 나온다는 주장을 거부했다가 1415년 콘스탄츠 공의회에서 이단 선고를 받고 화형당했다. 라이프치히에서 후스와 보헤미아 사람은 저주에 가까운 이름이었으니, 그것은 라이프치히 대학교를 세운 사람들이 바로 후스에 반대하여 프라하를 떠나 라이프치히에 정착한 독일인 교수들이었기 때문이다. 루터는 비록 얀 후스가 콘스탄츠에서 정죄되긴 했으나 그의 일부 주장이 철저하게 기독교적이라고 확언했다가 덫에 걸렸다.

생각 나눔

얀 후스는 흔히 루터의 종교개혁을 예비한 비운의 인물로 기억됩니다. 루터보다 100년 먼저 타락한 교회의 문제점을 정확히 파악했을 뿐 아니라, 거대한 교권에 대항하여 교회 개혁의 선봉에 섰기 때문입니다. 하지만 든든한 정치적 후원자들과 수많은 동지들의 응원 속에서 개혁을 성공적으로 이끌었던 루터와 달리, 그는 불행히도 너무 일찍 개혁의 깃발을 들고 말았습니다. 그래서 루터는 개혁자로서 영예와 권위를 충분히 향유했지만, 후스는 미처 자신의 꿈을 이루기도 전에 화형대 위에서 생을 마감해야 했습니다. 그럼에도 그가 역사에 남긴 발자취는 루터의 그것과 크게 다르지 않습니다. 예수님의 길을 예비했던 세례 요한처럼, 후스는 개혁의 길을 닦으며 루터의 길을 예비했기 때문입니다. 설령, 후스가 성경과 복음, 은혜와 율법, 민족과 교회를 정확히 깨달았다고 해도, 그가 끝까지 자신의 신념을 고수하면서 당당히 순교하지 않았다면, 16세기 종교개혁과 이후의 개신교 역사는 크게 달라졌을 것입니다. 그런 의미에서 후스가 교회사 위에 남긴 발자국은 너무나 강렬하고 소중합니다.

그렇다면 우리는 후스가 남긴 신앙의 유산 중 무엇에 특히 주목해야 할까요? 아마도 교황보다 성경에 신앙적 권위를 두었던 그의 신학적 통찰이 아닐까요? 중세 1000년 동안 교회 안에서 성경의 자리는 모호했습니다. 인쇄술이 발달하지 않았기에 사람들의 필사에 의존해야 했고, 라틴어 번역본만 인정하고 일체 다른 번역은 법으로 금했기에 개인이 성경을 소장하거나 읽을 수 있는 기회는 희박했습니다. 따라서 성경이 교회 내에 존재한 것은 사실이지만, 실질적으로 교인들은 성경과 상관없는 삶을 살아야 했습니다. 결국 성경은 소수 신학자들만의 전유물이었으며, 교회는 성경과 무관한 종교로 빠르게 퇴화했습니다. 이런 문화에서 후스는 성경의 가치를 회복하기 위해 몸부림쳤습니다. 교인들과 함께 모국어인 체코어로 성경을 번역하고 설교하고 찬송했습니다. 그 결과, 후스를 통해 성경을 제대로 읽은 사람들은 더 이상 과거의 삶을 반복할 수 없었습니다. 하나님의 말씀인 성경 앞에서 다른 모든 것들이 상대화되었기 때문입니다. 교황, 공의회, 스콜라 신학, 종교 재판, 그리고 화형대의 불꽃마저도 부차적인 것으로 밀려나면서, 교회 개혁은 시대적 과제요 교회의 사명이 되었습니다.

또한 우리는 교권의 압력과 죽음의 공포 앞에서도 신학적 확신과 신앙적 양심을 꺾지 않았던 후스의 모습에 깊은 감동을 받을 수밖에 없습니다. 그가 깨달았던 성경의 권위, 실천적 신앙, 진정한 교회, 개혁의 필요성은 어떤 상황에서도 철회하거나 타협할 수 없는 진리입니다. 그가 그것들에 대해 언급하는 순간, 교회 안에서 갈등과 분열이 발생하고 위로부터 압력과 위협이 쏟아질 것은 너무나 자명했습니다. 하지만 그는 그것들에 대해 말하지 않을 수 없었습니다. 만약 압력과 위협으로 침묵시킬 수 있다면, 그것은 본래 진리가 아닙니다. 장소와 상황에 따라 말이 달라진다면, 그 또한 진리일 수 없습니다. 목숨, 금품, 지위, 권세 등과 거래하거나 타협이 가능한 것이라면, 그것도 진리라고 말할 수 없습니다. 그래서 후스는 **권세자 앞에서 끝까지 당당했고, 죽음의 고통마저 감당할 수 있었습니다. 진리를 확신했기 때문입니다.** 그렇게 그는 스스로 자신이 발견한 성경의 진리를 입증했고, 타락한 교회의 민낯을 적나라하게 드러냈습니다. 오늘도 우리가 후스를 기억하는 이유입니다.

만약 후스가 살았던 시대의 부패한 교회와 오늘날 우리의 모습이 크게 다르지 않다면, 이것이야말로 지극한 비극입니다. 역사에서 아무것도 배우지 않았다는 증거이기 때문입니다. 후스의 이름을 기억하고 기념하는 교회 안에서 성경과 복음보다 돈과 권력이 더 큰 힘을 발휘한다면, 개혁의 칼날과 역사의 심판을 피할 수 없을 것입니다. 교회에 대한 비판과 학문적 연구는 무성하지만, 정작 개혁을 위한 어떤 몸짓도 발견할 수 없다면, 그런 교회의 현재는 지극히 불행하며 미래는 철저히 불투명합니다. 그럼에도 저는 하나님께서 당신의 교회를 음부의 권세로부터 끝까지 지키실 것이라고 확신합니다. 그렇다면 우리의 선택은 자명해집니다. 즉 후스의 개혁 운동을 통해 드러난 인간의 한계와 교회의 실체를 정직하게 성찰해야 합니다. 동시에 후스처럼, 우리 안에 반복되는 오류와 실패를 극복하기 위해 **날마다 두렵고 떨림으로 성경의 저울 위에 올라서고, 성령의 불과 진리의 메스(mes)로 환부를 하나씩 제거해야 합니다.** 정녕 한국 교회의 진정한 개혁과 온전한 부흥을 원한다면 말입니다.

묵상과 토론을 위한 질문

1. 후스는 독일인들에게 차별과 억압을 당하던 보헤미아(체코)에서 모국어를 중심으로 신앙과 민족을 결합하고 교회 개혁을 추구했습니다. 당신은 후스의 이런 정신과 활동을 어떻게 평가합니까?

2. 후스는 당시 로마 가톨릭교회의 여러 문제를 목격하고 성경에 근거한 개혁을 추구했습니다. 그 대가는 순교의 제물이 되는 것이었지요. 교회 개혁이 이처럼 어렵고 위험합니다. 그럼에도 현재 한국 교회가 반드시 개혁해야 할 절박한 문제는 무엇이라고 생각합니까?

3. 후스의 개혁은 교회와 국가의 복잡한 이해관계 속에서 허망하게 좌절되고 말았습니다. 하지만 그의 개혁 정신은 마르틴 루터에게 계승되어 16세기 종교개혁의 원천이 되었습니다. 이런 역사의 기록이 당신에게 어떤 교훈을 줍니까?

Chapter 6

바르톨로메 데 라스 카사스
끝까지 이웃을 사랑한 사람

(Bartolomé de las Casas, 1474-1566)

전심(全心)으로 하나님을 사랑하는 것은 **이웃을 진심(眞心)으로 사랑하는 것**과 분리될 수 없습니다. 그리고 그 이웃에는 고아, 과부, 나그네 같은 사회적 약자들이 포함됩니다. 성경은 이들에 대한 특별한 관심을 지속적으로 요청합니다. 소자에게 물 한잔 대접하는 것을 예수님 대접하는 것으로 여길 정도로 말입니다 (마 25장). 하지만 끊임없이 바벨탑을 쌓고 그 정상에 먼저 오르기 위해 무한 경쟁을 반복하는 세상에서 성경의 준엄한 명령은 너무나 쉽게 무시되고 조롱당합니다. 심지어 그런 비극적인 현실에 교회마저 장단을 맞추고, 성직자와 신학자가 그런 비극의 주인공인 경우도 적지 않습니다. 하지만 그늘진 역사에서 별처럼 빛나는 하나님의 사람들도 결코 적지 않습니다. 스페인 식민지에서 원주민을 위해 평생 헌신한 스페인 성직자, 바르톨로메 데 라스 카사스가 그런 사람 중 한 명입니다.

신대륙의 노예주에서 노예 해방 운동가로

프랑스 출신의 출중한 검객이었던 라스 카사스의 아버지는 이슬람과 전쟁을 벌이고 있던 스페인의 카스티야 왕국과 레온 왕국으로 이주했습니다. 이 왕국들을 통치하던 페르난도 2세(Fernando II, 1452-1516)의 요청으로, 그는 무어족과의 전쟁에 참여하여 큰 공을 세웠습니다. 왕은 그의 공로를 인정하여 귀족 작위를 수여했고, 이후에 세비야에 정착하여 결혼했습니다. 그리고 1474년 아들 바르톨로메 데 라스 카사스가 태어났습니다.

이처럼, 라스 카사스가 세비야에서 태어나고 성장한 때는 스페인의 역사에서 가장 큰 변화가 연속적으로 발생하던 시기였습니다. 무엇보다 1492년, 이베리아반도에서 800년 이상 지속된 이슬람 지배가 종식되고, 콜럼버스의 신대륙 발견으로 스페인의 국력이 이베리아반도를 넘어 아메리카 대륙으로 빠르게 확장된 것입니다. 하지만 향신료와 황금을 찾아 아메리카에 도착한 정복자들은 크게 실망하고 말았습니다. 자신들이 찾던 향신료와 황금을 원하는 만큼 손에 쥘 수 없었기 때문입니다. 이후 그들은 원주민들을 동원하여 사탕수수와 담배 농사를 시작했습니다. 이 과정에서 전염병과 강제 노동으로 수많은 원주민들이 처참하게 목숨을 잃었습니다. 1510년부터 1550년 사이에 서인도제도에서 약 2,000만 명의 원주민들이 학살된 것으로 알려졌습니다.

콜럼버스가 신대륙을 발견했을 때 살라망카대학교(Universidad de Salamanca)에서 신학과 법학을 공부하고 있던 라스 카사스는 1502년 아버지를 따라 처음으로 신대륙의 산토도밍고(Santo Domingo)를 방문했습니다. 그곳에 머무는 동안, 다른 스페인 출신 정복자들과 함께 원주민들을 약탈하고 광산업과 식민 농장 경영에도 참여했습니다. 동시에 정복자들이 원주민들을 무자비하게 학대·학살하는 장면도 직접 목격했습니다. 1506년, 유럽으로 돌아온 라스 카사스는 다음 해에 사제 서품을 받았으며, 1510년 다시 대서양을 건너 히스파니올라 섬(Hispaniola)으로 돌아갔습니다.

같은 해, 페드로 드 코르도바(Pedro de Cordova)의 인솔하에 일군의 도미니크회 수사들이 히스파니올라 섬에 도착했습니다. 그런데 다음 해 네 번째 성탄 강림절 미사를 집전하던 안토니오 데 몬테시노스(Antonio de Montesinos) 수사가 설교를 통해 원주민들에 대한 정복자들의 착취와 학대를 통렬하게 비판했습니다.

"말해 보시오. 여러분은 무슨 권리로, 무슨 법으로 인디언들을 잔악하고 끔찍한 노예 상태에 빠뜨립니까? 만약 그러한 잔악한 행동을 계속한다면, 여러분은 무어인과 터키인들처럼 구원을 받지 못할 것입니다."

라스 카사스는 이 미사에 참석하지 않았지만, 후에 설교 원고를 읽고 다른 정복자들처럼 크게 분노했습니다. 도미니크 수도사들의 본국 송환을 모의했을 정도로 말입니다.

이런 상황에서, 라스 카사스는 1512년 군종 사제로 쿠바 정복에 참여하여 스페인 총독으로부터 토지와 노예를 하사받았습니다. 사제로서 '엔코멘데로'(Encomendero, 원주민 노예주)가 된 것입니다. 당시에 라스 카사스는 원주민들의 가혹한 학대와 착취의 도구로 남용되던 엔코미엔다(Encomienda)에 대해 어떤 문제의식도 갖고 있지 않았습니다. 엔코미엔다는 1503년부터 아메리카에서 실행된 제도로서, 스페인 왕실이 정복자들에게 토지와 원주민에 대한 지배권을 보장하는 대신, 원주민들의 보호와 개종을 요구했습니다. 하지만 정복자들은 원주민들을 학대하고 착취할 뿐, 그들의 인권과 구원에는 철저히 무관심했습니다.

특별한 문제의식 없이 노예주와 사제라는 이중 지위를 향유하던 라스 카사스에게 마침내 결정적인 순간이 도래했습니다. 1514년, 성령강림대축일 설교를 준비하기 위해 집회서를 묵상하던 중, 노예주로서 자신의 행동과 엔코미엔다의 문제를 새롭게 성찰하게 만든 구절을 만난 것입니다.

가난한 사람들의 재산을 빼앗아 제물로 바치는 것은 남을 자신의 재물로 바치려고 그 아비 앞에서 죽이는 것과 같다. 가난한 사람들에게 빵 한 조각이 생명이며 그것을 빼앗는 것이 살인이다. 이웃의 살길을 막는 것은 그를 죽이는 것이며 일꾼에게서 품값을 빼앗는 것은 그의 피를 빨아먹는 것이다(집회서 34:18-22).

이후, 그는 깊은 번민에 빠졌습니다. 그리고 다른 사람이 되기로 결심했습니다. 그래서 자신의 노예들을 해방했고, 엔코미엔다를 거부했습니다. 원주민들을 위해 목소리를 내기 시작했으며, 몬테시노스 수사와 뜻을 함께하기로 작정한 것입니다.

대서양을 횡단하며

라스 카사스는 신앙과 양심의 각성에 따라 원주민 노예들을 해방했지만, 해방된 노예들은 또 다른 노예사냥의 희생양이 되거나 무참히 살해되고 말았습니다. 라스 카사스는 쿠바 총독에게 노예들의 학살을 막아 달라고 수차례 간청했지만 소용이 없었습니다. 총독은 원주민들이 아니라 정복자들의 이익을 대변하고 있었기 때문입니다. 결국, 라스 카사스는 문제의 근본적인 해결을 위해서는 스페인 왕실의 결단이 필요하다고 판단했습니다. 총독의 온갖 방해를 무릅쓰고 그는 1515년 가을 대서양을 건넜습니다. 이후 반복될 12번의 항해 중 첫 번째 항해였습니다.

같은 해 12월 23일, 라스 카사스는 페르난도 2세를 직접 만나 식민지의 처참한 상황을 보고했습니다. 큰 충격을 받은 황제는 조사 위원회를 구성해서 인디언을 보호할 법을 새로 시행하도록 명령했습니다. 하지만 황제가 갑작스럽게 세상을 떠나면서 이런 조치는 물거품이 되고 말았습니다. 그의 뒤를 이어 카를 5세(Karl V, 1500-1558)가 새로운 왕으로 등극했으나, 아직 어리고 해외 순방으로 분주해서 그를 만날 수조차 없었습니다. 대신, 스페인의 최고 종교 재판관이었던 프란체스코 히메네스 드 시스네로(Francisco Jiménez de Cisneros, 1436 - 1517)가 황제를 대신하여 라스 카사스에게 '인디언 보호를 위한 국제 변호인'이란 칭호를 수여했고, '인디언 노예 금지법'을 제정했습니다. 그리고 이 법의 시행을 위해 히에로니무스 교단의 수사 세 명을 함께 파견했습니다.

라스 카사스는 큰 희망 속에 히스파니올라로 돌아왔지만, 곧 심각한 반대와 위협에 직면하고 말았습니다. 식민지의 정복자들과 엔코멘데로들(엔코미엔다를 소유한 지주들)이 만반의 준비를 하고 라스 카사스 일행을 기다리고 있었던 것입니다. 그들이 순식간에 세 명의 수사들을 금품으로 매수함으로써, 인디언 노예 금지법은 식민지에서 무용지물이 되고 말았습니다. 심지어 그 수사들은 최근에 발생한 원주민 폭동의 배후 책임자로 라스 카사스를 지목했습니다. 결국 이 문제를 해결하기 위해, 라스 카사스는 또다시 스페인으로 향하는 배를 타야만 했습니다. 1517년 5월의 일입니다.

어렵게 스페인에 도착한 라스 카사스를 기다리고 있는 것은 죽음을 목전에 둔 히메네스(Jimenez)였습니다. 도움을 기대했던 히메네스의 죽음으로 진퇴양난에 빠진 라스 카사스는 카를 5세를 만나고 싶었지만, 여전히 해외에 머물고 있는 왕을 만날 수는 없었습니다. 그렇게 3년을 기다린 끝에 라스 카사스는 드디어 1520년에 황제를 만날 수 있었습니다. 그는 엔코미엔다(Encomienda)를 폐지하고, 원주민들의 자치 마을을 세워 황제에게 세금을 납부할 것이라는 자신의 계획을 보고했습니다. 또한, 스페인 농부들을 식민지로 이주하여 원주민의 노동에 의존하지 않는 소규모 농장을 경영하게 하고, 잃어버린 원주민 노동력은 서아프리카 흑인 노예들을 수입하여 해결할 수 있다고 제안했습니다. 하지만 이 제안은 라스 카사스가 범한 최대의 실수였습니다. 후에 그는 자신의 실수를 깨닫고 뼈저리게 후회했으나, 역사의 비극을 되돌리기에는 너무 늦었습니다. 머지않아 수많은 서아프리카 흑인들이 노예선에 실려 아메리카로 끌려갔기 때문입니다.

카를 5세는 라스 카사스의 제안을 받아들여, 산타마르타와 파리아반도 사이에 위치한 땅을 라스 카사스에게 할당했습니다. 그리고 이 땅에는 어떤 정복자도 무기를 소지한 채 들어갈 수 없다는 조항에 서명했습니다. 황제가 할당한 땅은 '쿠마나(Cumaná)'로 명명되었습니다. 라스 카사스는 희망에 부풀어서 200명의 농부, 50명의 상인과 함께 쿠마나로 떠났습니다. 농부들과 함께 이 지역에 10개의 성채를 세우고 원주민들을 보호할 꿈을 꾸면서 말이지요. 하지만 그의 꿈은 도착하자마자 산산이 부서지고 말았습니다. 정복자들의 격렬한 반대 속에 약탈과 살육이 반복되었으며, 함께 온 농부들은 뿔뿔이 흩어졌고, 그를 따르던 수사들마저 공격을 받고 목숨을 잃었기 때문입니다. 라스 카사스는 문제 해결을 위해 백방으로 뛰어다녔으나, 현실의 강력한 벽 앞에서 다시 한번 큰 좌절을 겪어야 했습니다.

좌절과 한계의 장벽 앞에서도

크게 상심한 라스 카사스는 모든 것을 내려놓고 산토도밍고에 있는 도미니크 수도회에 들어갔습니다. 그 후 신학 연구와 사목, 선교에 집중하며 20년의 세월을 보냈습니다. 하지만 이 기간에도 원주민에 대한 그의 관심과 활동이 중단된 것은 아닙니다. 무엇보다 라스 카사스는 여러 저서들을 집필하여 원주민들의 실상을 고발하고, 문제의 근원적·현실적 해결을 위해 다양한 대안들을 제시했습니다. 특히 1526년에 오비에도(Gonzalo Fernández de Oviedo y Valdés)가 원주민을 비하하는 책을 출판하자『서인도의 역사』,『기독교에 대한 유일한 유형으로서의 모든 민족의 요청에 관하여』를 쓰기 시작했습니다. 1531년에는『인도의 조언을 위한 편지』를, 1542년에는『인도 제국의 황폐화와 인구 섬멸에 관한 짤막한 보고서』를 발표했습니다. 이 책들을 통해 라스 카사스는 원주민들의 참상을 고발하고 무력에 의한 원주민 선교를 반대했습니다. 동시에 원주민들의 권리와 우수성을 옹호했습니다. 뿐만 아니라, 끊임없이 라틴 아메리카 전역을 여행하면서 폭력적인 노예사냥에 강력히 반대했습니다. 1537년에는 도미니크 수사들과 함께 과테말라에서 원주민들에게 전도하여 여러 교회를 세웠습니다. 그는 원주민들을 평등하게 대우하면서, 신앙 지식을 토대로 한 자발적인 회심을 유도했습니다. 그리고 이곳에서 활동할 수사들을 더 모집하기 위해, 1538년 다시 한번 대서양을 건넜습니다.

라스 카사스는 에스파냐에 머무는 동안, 자신에게 부여된 공적 업무 외에, 아메리카 원주민들에 대한 정복자들의 학대를 막기 위해 다각도로 노력했습니다. 특히, 1523년 폐지된 엔코미엔다가 1526년 복구되었고, 1530년에는 노예제에 대한 법령들이 옛날 모습으로 돌아갔습니다. 따라서 1542년에 황제 카를 5세를 다시 만난 라스 카사스는 황제에게 정복자들의 악행을 보고하면서, 엔코미엔다와 노예제의 폐지를 강력히 요청했습니다. 결국, 황제는 그의 요청에 응하여, 원주민들을 강제로 광산 노동, 진주 채취, 짐꾼 등으로 학대하는 것을 금지했습니다. 또한, 원주민의 노예화를 불법화했으며, 엔코미엔다를 점진적으로 폐지하도록 규정한 '새로운 법령(New Laws)'도 공포했다. 하지만 이 법에 대한 정복자들의 반발이 대단히 거셌습니다. 페루에서 반란이 일어났으며, 사제들까지 그들에게 동조하며 반대의 목소리를 높인 것입니다. 라스 카사스도 이 법에 빈틈이 너무 많아 만족할 수 없었습니다.

한편, 라스 카사스는 1544년 3월 30일, 새로 설립된 교구 치아파스(Chiapas)의 주교로 임명되었습니다. 그는 신임 주교로서 자신의 교구 소속 정복자들과 노예 소유주들을 상대로 원주민들의 인권을 위한 조치들을 강력히 시행했습니다. 즉 노예들을 해방하고 재산을 돌려주지 않는 노예 소유주들과 정복자들에게는 임종을 앞둔 경우에조차 사면(absolution)을 거부했으며, 원주민을 학대하는 자들은 파문에 처하겠다고 위협한 것입니다. 그럼에도 신대륙에서 이 법은 현지인들의 거세고 조직적인 저항 속에 힘을 잃었습니다. 결국 그들의 지속적인 압력에 황제마저 굴복하여, 1546년에 폐지되고 말았습니다. 이런 막막한 상황에서, 이제 72세의 고령이 된 라스 카사스는 『에스파냐 출신의 토지 및 노예 소유자를 대하는 고해 신부를 위한 조언』을 써서, 신부들이 부당한 정복자들에게 고해를 거부해야 한다고 주장했습니다. 이에 대해 스페인 출신 이주민들이 강력히 반발했습니다. 심지어, 그를 '황제에 대한 반역과 모독'이라는 죄명으로 고발하기까지 했습니다. 결국, 1547년 마드리드 법정으로 출두하라는 명령을 받은 라스 카사스가 12번째이자 최후의 스페인 여행길에 올랐습니다. 그는 법정에서 스페인 사람들이 신대륙에서 획득한 모든 재산은 불법이기에, 본래의 주인들에게 돌려주어야 죄를 용서받을 수 있다고 거듭 주장했습니다.

바야돌리드와 마지막 시간들

스페인에서 라스 카사스는 동족의 거센 공격에 직면했습니다. 특히, 그가 쓴 『고해신부를 위한 조언』의 내용이 스페인의 식민지 지배를 부정하는 매국적인 주장이라고 비난을 받았습니다. 이런 비난에 황제도 동조하여, 그의 책을 모두 소각하라고 명령했습니다. 이 과정에서 라스 카사스는 정복자들의 입장을 대변하는 후안 지네스 드 세풀베다(Juan Ginés de Sepúlveda, 1494–1573)

와 치열한 논쟁을 벌였습니다. 세풀베다는 1544년 『제2의 데모크라테스 혹은 전쟁의 정당한 이유에 대하여』(Democrates Secundus)를 발표했는데, 이 책에서 아메리카 원주민들을 열등한 종족으로 규정하고 이들에 대한 군사적 정복을 옹호했습니다. 이 책을 읽은 라스 카사스는 여러 황실 회의에서 세풀베다의 책이 출판되지 못하도록 거듭 요청했습니다. 하지만 세풀베다는 라스 카사스가 국익에 반하고 이단적인 요소를 가졌다며 역공을 가했습니다. 이런 와중에서, 라스 카사스는 1550년 자진해서 치아파스 주교직을 사임했습니다.

라스 카사스와 세풀베다의 논쟁과 갈등에 황제가 개입했습니다. 신학 위원회를 구성하여 서인도 문제를 다루도록 명령한 것입니다. 그래서 1550-1551년에 바야돌리드(Valladolid)에서 두 사람 간의 논쟁이 진행되었습니다. 두 사람은 직접 대면하지 않은 채, 서로의 입장을 반박하는 형식으로 논쟁을 이어 갔습니다. 먼저, 세풀베다가 라스 카사스의 종전 입장들을 차례로 반박했습니다. 그의 주장에 따르면, 원주민들은 야만인으로서 인간을 제물로 바쳤고 심지어 스페인 신부와 수사를 살해했으므로 스페인 왕실이 그들을 상대로 전쟁을 선포하는 것은 정당합니다. 이에 대해 라스 카사스는 성경이 가나안 부족을 제외하고, 모든 이교도에 대한 전쟁을 지지하지 않는다고 반박했습니다. 무엇보다 아메리카 원주민은 결코 야만적이지 않으며 자신만의 훌륭한 사회 제도를 소유하고 있고, 오직 평화적인 선교만이 원주민들을 개종시키는 최선의 방법이라고 덧붙였습니다. 하지만 이 논쟁에서 공식적인 승자는 없었습니다. 위원회는 "아메리카 원주민은 분명한 우리의 형제이다. 따라서 더 이상 그들의 노동력을 착취해서는 안 된다. 부족한 노동력은 동물에 가까운 아프리카 흑인으로 보충하면 된다."라며 논쟁을 종결했습니다. 따라서 이 논쟁에도 불구하고, 스페인 왕실의 정책이나 서인도제도에서 원주민들의 삶에는 근본적인 변화가 없었습니다.

논쟁 후 라스 카사스는 바야돌리드의 성 그레고리오 수도원에 머물면서 저술에 몰두했습니다. 그 결실 중 하나가 1559년 완성된 『인도의 역사』입니다. 비록 그를 매국노, 반역자, 이단으로 정죄하는 동족의 비난과 공격이 멈추지 않았지만, 라스 카사스는 남은 생애 동안 황제와 함께 스페인의 여러 지역을 여행하면서, 식민지 원주민들의 입장을 대변하고 서인도 문제에 대해 황실의 자문관 역할을 담당했습니다. 1565년, 라스 카사스는 유서를 작성하면서 자신의 방대한 도서들을 그레고리오 수도원에 기증했습니다. 그리고 1566년 7월 18일, 마드리드에서 숨을 거두었습니다.

생각 나눔

2000년 교회사에 수많은 신앙의 영웅들이 등장했습니다. 살았던 때와 장소가 달랐고, 그리스도인으로 살아갔던 모습도 각양각색이었습니다. 그렇기 때문에 그들의 삶에 점수를 매기거나 순위를 정하는 것은 가당치 않습니다. 그럼에도 라스 카사스는 특별한 의미와 가치를 지닌 인물임이 틀림없습니다. 무엇보다, 그는 유럽인의 인종적·문화적 우월감을 극복하고 아메리카 원주민들을 동등한 하나님의 백성으로 인정했습니다. 식민지 정복자들의 일원으로서, 자신들이 노예로 삼았던 사람들을 동등하게 대하는 것은 지금도 쉽지 않은 일입니다. 또한 라스 카사스는 민족의 반역자요 매국노라는 비난과 위협을 감수하며 아메리카 원주민들에 대한 유럽인들의 학대와 착취를 폭로하고 고발했습니다. 당연히 동시대 사람들 대부분은 그런 그의 생각과 행동을 이해할 수 없었습니다. 끝으로 라스 카사스는 자신의 신념과 양심을 평생 구체적인 행동으로 실천했습니다. 그는 문제 해결을 위해 끊임없이 글을 썼고, 신학자들과의 논쟁도 마다하지 않았습니다. 교회와 정부를 설득하기 위해 수차례 목숨을 걸고 대서양을 건넜으며, 원주민들을 위한 공동체도 실험했습니다. 그의 삶은 정말 특별하고 경이롭습니다.

물론, 그런 삶을 살았던 사람이 오직 라스 카사스뿐이었던 것은 아닙니다. 자기를 비워 종의 형체를 입으셨던 예수님의 뒤를 따라, 자신의 특권적 지위를 내려놓고 낮고 천한 자들의 벗이 된 사람들이 적지 않습니다. 죄인들을 위해 십자가를 지고 골고다를 오르셨던 예수님처럼, 자신의 특권을 포기하고 타자를 위해 비난과 모욕을 감내한 이들이 끊이지 않았습니다. 말씀으로 무지한 백성을 깨우치고 기사와 이적으로 사람들을 살리신 예수님을 본받아, 자신의 재능과 재물을 아낌없이 사용하여 소외된 이웃을 돕고 세상을 이롭게 한 사람들도 드물지 않습니다. 하지만 라스 카사스처럼 그 모든 경우가 한 사람 안에 총체적으로 결합되고 구현된 적은 거의 없습니다. 그런 의미에서 그는 정말 예외적인 인물이며, 단연 시대를 앞서간 선구자입니다.

그렇다면, 그렇게 특별한 사람을 우리같이 평범한 신자들에게 닮아야 할 모범으로 제시하는 것이 적절할까요? 교회사에서조차 드문 경우라면 더욱 그렇지 않겠습니까? 이미 우리가 잘 알고 있듯이, 오늘날에는 '제로섬 게임', '무한경쟁', '각자도생', '승자독식' 등이 시대 정신이요 삶의 법칙이 되었습니다. 교회 공동체 안에서조차 서로 간에 일정한 거리를 유지하고, 망명을 요청한 난민들에게 매정하게 문을 닫으며, 국가마저 경제 논리에 따라 소외 계층을 위한 복지 예산을 축소하는 시대가 아닙니까. 전대미문(前代未聞)의 코로나19 사태를 경험하면서, 이런 부정적인 현실은 더욱 강화되었고, 앞으로도 개선될 여지는 매우 희박해 보입니다. 이런 시대와 문화에서 **일평생 타자를 위해 개인적인 손해와 희생을 기꺼이 감수했던** 라스 카사스가 일반 사회뿐 아니라, 심지어 교회 안에서조차 얼마나 소중한 존재로 인식될지 잘 모르겠습니다. 과연 그리스도인들이 라스 카사스처럼 계급과 지역, 인종과 민족, 이념과 사상, 교파와 교리의 차이를 극복하고, 이 시대의 강도 만난 이웃들에게 진정한 이웃이 되어 줄 수 있을까요? 나와 전혀 상관없는 사람들을 위해 자기 돈과 시간, 재능과 지식을 소비하라는 설교가 매우 공허하고 비현실적으로 들리는 시대이기 때문입니다.

정말, 이런 환경에서 타자를 위해 사는 것은 결코 쉬운 일이 아닙니다. 특히 그 타자가 자신과 매우 다르고 자신보다 열등할 때, 심지어 그를 위해 가족 및 조국에 등을 돌려야 할 경우, 더욱 그럴 것입니다. 그래서 자기를 부정하고 타자를 위해 사는 것은 매우 어렵고 심지어 위험합니다. 그렇다면 대단히 복잡하고 뿌리 깊은 정치적 경제적 종교적 이해관계로 분열된 한국 사회에서, 지극히 평범한 우리가 아메리카 원주민이라는 타자를 위해 자신의 생애 대부분을 헌신했던 라스 카사스의 삶을 모방하는 것은 거의 불가능해 보입니다. 하지만 만약 우리가 라스 카사스의 삶을 거부한다면, 결코 우리는 그리스도인일 수 없을 것입니다. 그의 삶을 이상주의나 비현실주의로 폄하한다면, 우리의 신앙은 겉만 화려한 싸구려 장식품에 불과할지도 모릅니다. 그의 경우를 역사의 특별한 예외로 간주한다면, 우리는 성경 읽기와 역사 공부를 중단해야 할지도 모릅니다.

예수의 삶과 말씀에 어린아이처럼 반응하며 살아가는 당찬 그리스도인이 그 어느 때보다 절실히 필요한 시절입니다. 비록 연약한 개인에 불과하지만, 하나님의 말씀에 순종함으로써 세상을 불편하게 할 21세기 한국의 라스 카사스들이 지속적으로 출현하길 고대합니다. 그래야 암울한 현실에서 계속 미래를 희망할 수 있고, 타락한 세상에서 여전히 하나님 나라를 앙망할 수 있지 않을까요?

묵상과 토론을 위한 질문

1. 라스 카사스는 신학을 공부하고 안수받은 사제였지만 스페인이 라틴 아메리카 식민지를 개척하고 엔코미엔다 같은 제도를 실행할 때 아무런 문제의식도 갖지 못했고, 자신이 직접 원주민 노예들을 소유하기도 했습니다. 이것은 우리가 당대의 지배적인 문화와 제도에 얼마나 깊이 영향받는지를 단적으로 보여 줍니다. 오늘날 우리의 삶과 신앙에 가장 큰 영향을 끼치고 있는 이 시대의 문화나 제도는 무엇이라고 생각합니까?

2. 라스 카사스는 성경(집회서)을 읽던 중 노예 제도의 부당함을 깨닫고 남은 생애 원주민들의 인권 개선을 위해 헌신했습니다. 성경 읽기가 삶의 변화로 이어진 것입니다. 당신의 경우, 성경 읽기나 설교가 당신의 삶에 중요한 변화를 초래한 적이 있습니까?

3. 라스 카사스는 원주민들의 비극적인 삶과 노예 제도의 부당함을 깨달은 후 동족들의 반대와 위협에도 불구하고 평생 원주민들을 위해 분투했습니다. 자기를 부인하고 약자의 편에 서는 좁은 길을 택한 것입니다. 이 시대 한국 교회가 주목해야 할 약자들은 누구이며, 이들을 위해 우리가 해야 할 일은 무엇이라고 생각합니까?

Chapter 7

메노 시몬스

제자도의 진정한 모범

(Menno Simons, 1496-1561)

하나님의 존재를 부인하거나 무시하는 **세상에서 우리는** 어떻게 기독교 신자로 살아야 할까요? 자본의 힘이 세상을 지배하고 문명의 탈을 쓴 야만과 폭력이 난무하는 시절에, 우리의 신앙은 어떤 모습으로 존재해야 할까요? 교회가 세상을 구원하는 방주보다 유치한 이익 집단으로 전락한 듯하고, 십자가가 생명과 자유의 동력 대신 타자를 향한 살벌한 무기로 남용되는 상황은 종교의 위기를 넘어 문명의 말기적 증상처럼 보입니다. 이런 상황에서 16세기에 성경적 교회를 꿈꾸며 제자도를 실천했던 재세례파 지도자 메노 시몬스는 우리가 주목해야 하는 소중한 신앙의 유산입니다. 시몬스는 종교마저 폭력과 전쟁의 포로가 되었던 시절에 끝까지 평화의 사도로 살았습니다.

시몬스가 살았던 세상과 교회

흔히 "급진적 종교개혁"으로 불리는 재세례파 운동(Anabaptism)은 1525년 콘라드 그레벨(Conrad Grebel, 1498 - 1526), 펠릭스 만츠(Felix Mantz, 1498-1527) 등을 중심으로 스위스 취리히에서 출현한 '스위스 형제단(Swiss Barthen)'을 기원으로 합니다. 본래 이들은 종교개혁자 울리히 츠빙글리(Ulich Zwingli, 1484-1531)의 추종자들이었습니다. 하지만 유아세례가 성경적 근거가 없다고 확신하여 다시 세례를 받음으로써 세상에 충격을 주었지요. 이후 이들은 가톨릭교회와 종교개혁 진영 모두에게 이단으로 정죄되어 극심한 박해를 받았습니다. 그럼에도 이들의 영향력은 스위스와 독일, 네덜란드, 모라비아 등지로 빠르게 확산하였고, 유아세례를 제외하고는 매우 다양한 강조점을 지닌 수많은 분파들이 출현했습니다. 따라서 재세례파 운동을 명쾌하게 정의하고 분류하는 일은 결코 쉽지 않습니다. 하지만 1527년에 작성된 「쉴라이트하임 신앙고백서」의 규정들, 즉 유아세례 반대, 징계, 기념설로서 성찬, 세상과의 분리, 무기 사용과 맹세의 금지 등은 재세례파들이 공통적으로 강조한 것으로 보입니다.

한편, 네덜란드 재세례파 운동은 멜키오르 호프만(Melchior Hoffman, 1495-1543)의 사역과 함께 시작되었습니다. 남부 독일 스바비아(Swabia)에서 태어난 호프만은 루터교 복음 전도자로 사역을 시작했습니다. 하지만 종말론적 영성을 강조하고 성례전으로서 주의 만찬을 거부함으로써 루터와 결별했습니다. 후에 스트라스부르(Strasbourg)에서 한스 뎅크(Hans Denck), 발타자르 후브마이어(Baltarsar Hubmaier) 등을 통해 재세례파 사상을 접했습니다. 1530년 엠덴(Emden)으로 돌아온 후, 평신도들을 네덜란드로 보내 하나님 나라의 도래를 선포하기 시작했습니다. 그의 영향하에 사람들이 스트라스부르를 '영적 예루살렘' 호프만을 '엘리야'로 믿게 되었지만, 호프만은 10년간 투옥되었고 그의 예언도 실현되지 않았습니다. 그럼에도 그의 주장은 이후 네덜란드 재세례파 운동, 특히 메노 시몬스에게 큰 영향을 끼쳤습니다.

호프만이 감옥에 있던 1533년, 얀 마티스(Jan Matthys, 1500-34)가 암스테르담 지역의 리더가 되어 12명의 제자를 세운 후 두 명씩 짝을 지어 사람들의 개종을 위해 파송했습니다. 이때, 일군의 사람들이 북부 독일의 도시 뮌스터(Münster)에 도착했습니다. 빠르게 추종자들이 늘어나자, 호프만의 예언이 성취되길 기대했던 마티스가 1534년 초반 이 도시에 들어왔습니다. 호프만과 달리, 마티스는 스트라스부르가 아니라 뮌스터가 새 예루살렘이라고 주장했습니다. 또한, 주의 재림을 위해 폭력을 정당화하고 군대까지 조직했습니다. 결국, 이 도시 밖에 살던 뮌스터 주교가 독일 공작들의 힘을 빌려 뮌스터를 공격했습니다. 이 과정에서 마티스는 살해되었고, 라이덴의 얀(John of Leiden, 1509-

1536)이 그의 뒤를 이었습니다. 그는 자신을 '다윗 왕'으로 선포했으며, 사람들을 가혹하게 다루었습니다. 전쟁 중에 남자들이 많이 죽자 일부다처제를 도입하기도 했습니다. 이들은 포위 속에 극심한 가난과 질병으로 고통을 받다가 1535년 6월 24일 내부자의 배반으로 진압되었습니다. 이 사건은 재세례파 운동에 치명적인 오명을 안겨 주었습니다. 폭력적인 열광주의자, 혁명적인 천년왕국론자라는 낙인 말입니다.

가톨릭 사제에서 재세례파로

메노는 1496년 네덜란드 비트마르숨(Witmarsum)에서 출생했습니다. 경건한 가톨릭교도이자 낙농업자였던 메노의 부모는 메노가 장차 가톨릭 사제가 되길 소망했습니다. 그런 목적하에, 메노는 볼스워드(Bolsward)에 있는 프란체스코 수도원에서 사제 교육을 받았습니다. 비록 종신 서약은 하지 않았지만 그곳에서 수사의 직무를 담당했고, 사제직 수행을 위해 여러 지식도 습득했습니다. 로마 가톨릭 신학을 공부했으며 라틴어와 그리스어도 배웠고 교부들의 저작도 접할 수 있었습니다. 하지만 성경을 공부할 기회는 없었습니다.

1524년, 로마 가톨릭 사제로 안수받은 메노는 고향 근처인

핑윰(Pingjum)에서 7년, 이어서 고향 비트마르숨에서 5년간 교구 사제로 충실히 사역했습니다. 그는 여가 시간에 다른 동료 사제들과 함께 카드놀이를 하고 술을 마시는 16세기의 평범한 시골 사제였지만, 얼마 후부터 심각한 내적 고민에 휩싸였습니다. 당시에 로마 가톨릭교회는 미사 도중 사제가 축성할 때 떡과 포도주가 그리스도의 몸과 피로 변한다는 화체설을 믿고 있었습니다. 그런데 그가 집례한 미사에서 떡과 포도주에 아무런 변화도 일어나지 않은 것입니다. 이 문제를 해결하는 과정에서, 메노는 루터의 글과 성찬중시주의자들(Sacramentalists)[2]의 영향을 받았으며, 궁극적으로 성경 안에서 답을 찾았습니다.

또 다른 질문이 그를 찾아왔습니다. 바로 유아세례 문제였습니다. 1531년, 직 스나이더(Sicke Snyder)가 다시 세례받았다는 이유로 레이워덴(Leeuwarden)에서 참수를 당했습니다. 당시에는 세례받지 않으면 지옥에 간다고 믿었기에, 모든 사람이 유아세례를 받았습니다. 당연히, 사제인 메노도 많은 아이들에게 세례를 베풀었습니다. 그런데 스나이더는 왜 다시 세례를 받았으며, 교회는 왜 세례를 다시 받았다고 사람을 죽여야만 했을까요? 메노는 이런 상황을 쉽게 이해할 수 없었습니다. 결국, 이 문제의 해결을 위해 다시 성경을 연구했고, 동료 사제와 토론하고 종교

---

2   구원을 성취하고 은혜를 부여함에 있어 성례전의 중요성과 효용성을 강조하거나 믿는 사람들.

개혁자들의 글도 검토했습니다. 그 결과, 그는 유아세례를 지지하는 교회의 어떤 주장도 성경적 정당성이 부족하다는 결론에 도달했습니다.

그럼에도 메노는 가톨릭교회를 떠나서 당시 네덜란드 전역에 조직되어 있던 재세례파 모임에는 가담하지 않았습니다. 그가 여전히 사제의 안정된 생활을 누리고 있었으며, 1534년 뮌스터에서 벌어지고 있던 재세례파들의 과격한 행동을 용납할 수 없었기 때문입니다. 하지만 뮌스터 사건으로 그의 친동생과 교구 소속 교인들이 목숨을 잃자, 마침내 메노는 '루비콘강'을 건넜습니다. 즉, 재세례파가 된 것입니다.

박해 속에서 평화적 재세례파 신앙을 전파하다

1536년 1월 30일, 메노는 로마 가톨릭교회를 떠나 재세례파에 합류했습니다. 그리고 잠시 네덜란드 북부의 그로닝엔(Groningen)에 정착했습니다. 그곳에 있는 동안, 오베 필립스(Obbe Philips, 1500-68)에게 '신자들의 세례'를 받았으며, 재세례파 운동의 장로(elder)로 안수도 받았습니다. 이후 메노는 은밀하게 네덜란드 여러 지역을 다니며 교회를 돌보고 글을 썼습니다. 이미 탁월한 설교자였던 메노의 영향력은 네덜란드 재세례파들 안에서 빠르게 확산되었습니다. 그러자 서프리스란트의 수도인 레이워덴의 지배 세력이 메노를 제거하기로 작심했습니다. 1541년, 그들은 투옥된 재세례파들 중에서 메노를 배반하는 이들은 사면하겠다고 제안했다가 거부당했습니다. 또한, 1542년에는 네덜란드 통치자이자 신성로마 제국 황제인 카를 5세의 후원으로 메노를 넘겨주는 이들에게 금화 100길더(약 1억 2천만 원)를 상금으로 지급하고, 과거의 모든 범죄도 사면하겠다고 공표했습니다. 이제 그에게 숙식을 제공하거나 그의 책을 읽거나 그에 대해 말하는 자들은 살아남을 수 없게 된 것입니다.

이 무렵, 메노는 거트루트(Geertruydt)와 결혼했습니다. 메노와의 결혼은 위험과 고난의 불속으로 뛰어드는 것을 의미했지만, 그녀는 메노의 청혼을 받아들였습니다. 메노는 1544년에 이런 글을 남겼습니다.

이 시간까지 나는 어떤 나라에서도 내 아내와 어린 자식들이 안전하게 거할 수 있는 오두막이나 헛간을 찾을 수 없었다.

그의 자식 중 딸 하나를 제외하고 모두 세상을 떠났습니다. 그리고 아내마저 그보다 먼저 세상을 떠났습니다. 재세례파를 선택한 결과였습니다.

1541년부터 1543년까지, 메노는 암스테르담에서 남쪽으로 멀리 떨어진 지역에서 집중적으로 사역을 전개했습니다. 특히 집필에 힘을 쏟았는데, 1543년까지 최소한 그의 책 7권이 네덜란드 전역에서 읽히고 있었습니다. 그중에는 『평이한 가르침의 토대』(1539), 『참된 기독교 신앙』(1542), 『기독교 세례』(1542)가 중요합니다. 이 책들은 신학자들을 위한 학술 논문이 아니라, 일반 성도들을 위해 기독교 신앙을 평이하게 설명한 것입니다. 사람들이 그의 책을 쉽게 구해서 읽었기 때문에, 교회 당국은 그 책들을 없애기 위해 혈안이 되었습니다.

1543년 가을, 메노와 가족들은 네덜란드를 떠나 북서 독일로 이주했습니다. 그의 첫 독일 피난처는 관대한 백작부인 올덴부르크의 안나(Anna of Oldenburg)가 다스리던 동프리스란트의 엠덴(Emden)이었습니다. 이곳은 모든 재세례파들의 안식처였지만, 당시에는 안나조차 모든 불법적인 분파들을 탄압하라는 카를 5세의 압력을 강하게 받고 있었습니다. 이런 상황에서, 1544년 1월 28-31일에 이 지역에서 큰 영향을 끼치고 있던 폴란드 출신의 츠빙글리파 개혁자 요한 라스코(John a' Lasko, 1499-1560)와 메노 사이에서 신학 토론이 벌어졌습니다. 논쟁을 통해 양자의 차이가 분명하게 드러났습니다. 무엇보다 마치 빛이 물컵을 통과하듯, 완벽하게 무죄한 그리스도의 몸이 성령에 의해 동정녀 마리아에게 주어져야 했다는 메노의 주장을, 라스코가 그리스도의 인성을 부정으로 것으로 해석하여 이단으로 선언했습니다. 1545년, 안나는 급진적인 재세례파들은 처형될 것이며, 메노파(Mennisten)는 심사를 받아야 하고, 만약 그들이 국가 교회에 복종하지 않으면 그 지역을 떠나야 한다는 법령을 반포했습니다. 이 법령은 재세례파 운동의 평화주의 진영에 메노 시몬스의 이름을 적용함으로써 그의 지도력을 인정한 최초의 공식 문서였습니다.

마지막 힘과 숨이 다하는 순간까지

안나의 법령이 반포되기 전인 1544년 5월, 메노는 엠덴을 떠나 라인강 하류 지역으로 이동해서 2년간 머물렀습니다. 이 시기에 메노는 재세례파들 내에서 발생한 분쟁을 해결하고 자신을 변호하며 쉽지 않은 시간을 보내야 했습니다. 예를 들어, 메노는 환상과 계시를 지나치게 강조했던 다비드 조리스(David Joris, 1501-1556)의 추종자들과 논쟁을 벌였습니다. 또한, 그리스도가 신이 아니고 하나님과 동등하지도 않다고 주장한 아담 파스터(Adam Pastor, 1560년대 사망)의 문제도 처리해야 했습니다. 결국, 이들은 모두 파문을 당했습니다. 메노파들은 권징과 파문을 통해 이 땅에 참된 사도적 교회를 설립하고 싶었으나, 이런 관행은 교회 내에서 갈등과 분쟁의 씨앗이 되고 말았습니다.

1546년 이후, 메노는 뤼벡, 엠덴, 라인강 하류, 레이워덴, 단치히 등지를 여행하며 사역을 계속했는데, 그에게 숙식을 제공했던 이들이 계속 희생되었습니다. 예를 들어, 1549년 4월, 메노는 클라스 얀스(Klass Jans) 집에 하룻밤 머물렀는데, 그것 때문에 얀스가 6월에 처형된 것입니다. 한편, 1553-4년 겨울, 메노가 비스마르(Wismar)에 머물고 있었을 때, 일군의 라스코 교회 출신 난민들이 런던에서 배를 타고 도착했습니다. 루터파 도시인 비스마르는 이 개혁파 그룹을 환영하지 않았습니다. 이때, 메노파들이 얼어붙은 항구를 건너가서 곤경에 처한 난민들을 도왔습니다. 하지만 그들은 오히려 메노의 기독론을 문제 삼아 논쟁을 벌였습니다. 그리고 그 지역에 거주하는 메노파들의 명단을 출판하여 메노파들이 추방되고 말았습니다. 재세례파들이 적과 친구를 불문하고 선을 베풀었다가 이런 대가를 치른 경우가 적지 않았습니다.

1554년 여름, 비스마르를 떠나 뤼벡(Lübeck)으로 갔던 메노는 추종자들과 함께 홀스타인(Holstein) 지방의 오델스로(Oldesloe)에 도착했습니다. 근처에 바르톨로메 폰 아흘레스펠트(Bartholomeus von Ahlesfeld)가 살고 있었습니다. 그는 1543부터 당시에 억압받던 재세례파들을 뷔스텐펠데(Wüstenfelde)라고 불리던 자신의 영지(領地)로 받아들이고 있었습니다. 그의 배려로, 메노와 그의 가족들도 이곳에 정착할 수 있었습니다. 1536년에 재세례파가

된 이후 18년 만에 찾은 안정이었습니다. 아흘레스펠트는 메노 파들을 추방하라는 압력을 자주 받았지만 끝까지 그들의 보호자로 남았습니다.

1560년에 이르러 메노의 건강이 급격히 약해졌습니다. 사역의 부담뿐만 아니라 가난과 고생이 너무 컸던 탓입니다. 특히 1554년에 비스마르(Wismar)에서 생긴 상처 때문에 자주 지팡이를 짚어야 했습니다. 메노는 1561년 1월 31일 자신의 집에서 숨을 거두고 집 앞 정원에 묻혔습니다. 불행히도 30년 전쟁 동안 뷔스텐펠데가 파괴되어 그의 무덤도 사라지고 말았습니다. 다만, 20세기 초 그의 무덤터로 추정되는 곳에 소박한 기념비가 세워졌을 뿐입니다.

메노 시몬스가 강조한 것들

종교개혁자로서 메노의 사상과 사역의 중심은 단연 '성경'이었습니다. 이것은 성경을 통해 가톨릭교회의 오류를 발견했던 개인적인 경험과 종교개혁의 유산을 충실히 계승한 자연스러운 결과였습니다. 메노는 성경을 토대로 교회를 재구성하고 신자의 삶을 개혁하고 싶었습니다. 그 결과 지속적으로 갈등과 아픔이 초래될 수밖에 없었지만 말입니다.

내 귀한 형제들이여, 교리나 성례전이나 존경받는 삶이나 황제의 칙령이나 교황의 교서나 학자들의 종교회의나 오랜 관습이나 인간적 철학들을 경계하시오. 오리게네스나 아우구스티누스나 루터나 부처나 투옥이나 추방이나 살해나 아무것도 아니오. 영원히 존재할 것은 영원하고 불명한 하나님의 말씀이오. 다시 반복하건대 영원한 하나님의 말씀이오.

메노는 '신자들의 새로운 탄생과 열매 있는 믿음'을 강조했습니다. 종교개혁자들의 이신칭의 교리를 수용했지만, 메노는 거기서 한발 더 나아갔습니다. 말씀이 뿌려지고 성령께서 역사하심으로써 신자들의 내적 본성에 근원적인 변화가 발생하고, 그것은 다시 그리스도의 말씀에 복종하고 그리스도의 삶을 닮는 구체적인 행동으로 이어져야 한다고 확신했던 것입니다.

열매도 없고 무능한 신앙, 즉 모든 세상이 다 가지고 있는 친절이요 사랑에 의해서 행해지지 않는 신앙은 이전에는 그 신앙이 그렇게 논리적이고 현명하고 감동적이고 보기에 멋있고 기적처럼 보였다 해도 하나님께서 보시기에 그러한 신앙은 불결하면서도 죽은 신앙이고, 저주받아 마땅한 신앙이다.

메노는 이 세상에서 '그리스도의 제자로서 구별된 삶'을 강조했습니다. 이런 삶을 위해서는 기본적으로 신자들의 세례와 권징, 파문 등을 통해 '거룩한 신자들'로 구성된 성경적 교회를 세워야 합니다. 동시에 탐욕에 장악되어 전쟁과 폭력이 난무하는 세상에서, 제자들은 평화의 사람들로 사랑을 실천해야 합니다.

새로 거듭난 사람은 전쟁에 참여해서는 안 되며 싸워서도 안 된다. 이들은 칼을 쳐서 보습을, 창을 쳐서 쟁기를 만드는 평화의 자녀이기 때문이며, 전쟁을 모르는 사람들이기 때문이다. 이들은 가이사의 것은 가이사에게, 하나님의 것은 하나님께 바치는 사람들이다. 이들의 무기는 성령을 통해 선한 양심대로 살게 하는 성령의 말씀이다.

생각 나눔

16세기 유럽은 종교개혁의 물결 속에 새로운 세상으로 변모하고 있었습니다. 과거에 당연하고 정당했던 많은 것들이 성경에 근거해서 개혁과 변화를 요구했던 사람들에 의해 무너졌습니다. 단지 가톨릭교회에서 이탈하여 루터와 츠빙글리 진영에 가담했을 뿐만 아니라, 교회와 예배, 구원과 내세, 음악과 미술에 대한 기존의 관념도 모두 해체되고, 개인의 일상까지 근본적으로 바뀌었습니다. 많은 이들이 이런 역사의 전환기에 새로운 삶을 선택했지만, 끝까지 과거와 전통을 수호한 사람들도 적지 않았습니다. 이런 상황에서 시몬스는 자신을 괴롭히던 신학적 문제들의 답을 성경에서 발견한 후 사제복을 벗고 가톨릭교회를 떠났습니다. 하지만 그는 루터와 츠빙글리 진영 어디에도 가담하지 않았습니다. 대신, 그가 선택한 것은 네덜란드의 재세례파 그룹이었습니다. 가톨릭교회와 주류 종교개혁 진영 모두에게 이단으로 정죄되어 혹독한 박해를 받던 바로 그 사람들 말입니다. 결국 그의 선택은 값비싼 대가를 치러야 했습니다. 남은 생애 동안 박해를 피해 은둔과 도피의 삶을 반복해야 했으니까요. 하지만 그 선택 덕택에 메노나이트교회라는 지극히 성경적인 교회가 이 땅 위에 세워졌습니다.

시몬스는 세례 문제로 교회와 국가가 공조하여 신자들을 처형한 일에 큰 충격을 받았습니다. 그는 이 문제의 답을 찾기 위해 진지하게 성경을 공부했고, 종교개혁자들과 교부들의 글을 탐독했습니다. 그리고 자신이 도달한 결론에 따라 유아세례를 거부했습니다. 또한, 전쟁과 폭력이 종교의 이름으로 난무하던 시대에 성경적 제자도의 핵심이 평화에 있음을 깨달았습니다. 그리고 전통과 교권을 수호한다는 명목하에 교회가 정부와 결탁하여 모든 비판과 저항을 이단으로 정죄하고 화형대의 불길로 잠재우던 시절에, 심지어 재세례파들 안에서조차 혁명을 위해 무장봉기를 정당화하고 천년 왕국의 건설을 위해 주저 없이 무기를 들던 상황에서, 시몬스와 그를 따르던 사람들은 마지막까지 철저히 폭력과 전쟁을 거부했습니다. 순결한 생명들이 무자비한 폭력으로 사라지는 상황에서조차 말입니다.

정녕 시몬스에게 성경은 단지 묵상과 연구의 대상이 아니라, 삶으로 살아 내야 할 하나님의 말씀이었습니다. 그에게 신앙생활은 단지 예배에 참석하고 절기를 준수하는 것이 아니라, 자기를 부인하고 십자가를 지고 예수의 뒤를 따르는 것이었습니다. 진정한 제자도는 산상수훈의 말씀에 따라 전쟁의 한복판에서 샬롬의 세상을 실현하는 것이었습니다. 하지만 시몬스의 생각과 선택, 그리고 이후의 삶은 당시 대부분의 그리스도인들에게도 지나치게 급진적으로 보였습니다. 그래서 교회의 전통을 부정하고 국가의 권위를 거부하는 극단적인 이단으로 정죄된 것입니다. 그러므로 국가주의와 민족주의가 이성과 종교보다 더 강력한 힘을 발휘하는 이 시대에 시몬스의 평화주의가 설 자리는 더더욱 없어 보입니다. 이신칭의 교리를 절대시하면서 성경적 교회와 급진적 제자도를 기피하는 주류 교회들 안에서 시몬스는 위험한 경계 대상일 수밖에 없습니다. 그의 생각에 동의하는 순간, 개인과 교회의 평온이 깨지기 때문입니다. 그의 삶을 모델로 삼아 행동하는 순간, 국가와 교회의 박해가 시작될 것이 분명하기 때문입니다. 그의 방식으로 교회를 개척하고 목회할 경우, 부흥과 성장은 일찌감치 포기해야 하기 때문입니다. 500년의 시간이 흘렀지만, 시몬스를 따르는 사람들의 수가 여전히 극소수인 이유일 것입니다.

이처럼, 시몬스의 생애는 타락한 세상에서 진정한 그리스도인으로 사는 것이 얼마나 어렵고 위험한지를 단적으로 보여 줍니다. 동시에, 성경에 근거하여 진정한 제자의 삶을 실천하고 신자들로 구성된 사도적 교회를 설립하려는 노력을 끝까지 방해하고 박해한 사람들이 바로 다른 교리와 제도를 추구했던 동료 그리스도인들이었다는 사실도 적나라하게 알려 줍니다. 그렇다면, 무엇이 기독교의 본질이고 진정한 제자도의 실체이며 참다운 교회의 핵심일까요? 이 질문 앞에서 우리는 흔들릴 수밖에 없습니다. 하지만 저는 확신합니다. 우리가 이 질문들에 제대로 대답할 수 있도록 시몬스가 도와줄 것이라고 말입니다. 화려한 포장과 매혹적인 광고에 비해 진품을 찾기가 너무 어려운 현실에서, 시몬스는 마치 밭에서 발견한 보물처럼 놀랍고 반가운 존재입니다. 특히 그가 평화를 사랑한 주님의 제자였다는 사실이 참으로 다행입니다. 그래서 이 땅의 모든 그리스도인들이 기꺼이 동의할 수 있으면 좋겠습니다. 시몬스라는 보물이 결코 교회사의 예외가 아니라, 오늘 우리가 공유해야 할 보편적 유산이라는 진실에 말입니다.

묵상과 토론을 위한 질문

1. 시몬스는 성경에 근거해서 유아세례와 전쟁·폭력에 반대하며 제자도를 철저히 실천했습니다. 하지만 이 두 가지 주제는 현재 한국 교회가 실천하기 매우 어렵습니다. 이 두 주제에 대한 당신의 생각은 어떻습니까?

2. 16세기에 유아세례를 반대하고, 심지어 전쟁과 폭력을 거부하는 것은 교회와 사회에서 극심한 반발을 촉발할 수밖에 없었습니다. 시몬스도 평생 은둔과 도피를 반복하며 험난한 삶을 살아야 했지요. 그렇다면 당신은 신앙적 양심이나 신념 때문에 어떤 손해나 대가를 치른 적이 있습니까? 혹은 지금도 치르고 있습니까?

3. 시몬스는 공동체를 조직하고 운영하기 위해 많은 수고를 감당했습니다. 하지만 그 과정에서 성경 해석, 신학적 입장, 공동체 운영 방식 등에서 동료들과 충돌하고, 심지어 징계·결별해야 하는 경우도 적지 않았습니다. 함께 공동체를 세우는 일의 현실적인 어려움과 목회자로서 인간적인 한계가 드러난 장면입니다. 당신에게도 비슷한 경험이 있습니까? 만약 그렇다면, 서로 나누며 지혜를 얻읍시다.

Chapter 8

프란치스코 하비에르

아시아에 복음을 전한 하나님의 사람

(San Francisco Javier, 1506-1552)

복음에 대한 신학적 담론은 무성하지만, **복음의 능력**을 경험할 기회는 점점 더 희소해지는 것 같습니다. 교회와 교인 수도 여전하지만, 세상은 점점 더 빠르게 흉물스러워지고 교회 안팎에서 냉소와 불신이 널리 확산하고 있습니다. 이런 상황에서 우리가 드리는 예배, 열심히 읽고 공부하는 성경, 수많은 행사와 프로그램은 무슨 의미와 소용이 있을까요? 그 어느 때보다, 우리에게 복음의 능력과 신앙의 가치를 입증해 줄 증거가 필요합니다. 이런 맥락에서 16세기 아시아 선교를 개척했던 예수회 사제 프란치스코 하비에르는 교회사의 소중한 보물입니다. 이 땅에서 하나님 나라를 꿈꾸며 땅끝까지 복음을 전한 주님의 신실한 증인이며 제자였기 때문입니다.

바스크왕국의 귀족 가문에서 태어나다

하비에르가 태어날 무렵, 서유럽은 근원적인 변화를 경험하고 있었습니다. 1492년, 크리스토퍼 콜럼버스(Christopher Columbus, 1451~1506)가 히스파니올라섬(Hispaniola)에 도착하면서 대항해시대 · 제국주의 시대의 막이 올랐습니다. 1517년에는 마르틴 루터 주도하에 종교개혁이 시작되었지요. 그 결과, 유럽에 한정되었던 유럽인들의 정신적 · 종교적 · 지리적 지평이 빠르고 광범위하게 확장되었으며, 4세기 이후 지속된 유럽의 종교적인 통일성도 해체되기 시작했습니다.

이런 격변기에 하비에르는 1506년 4월 7일 나바레(Navarre) 왕국에서 한 귀족 가문의 막내아들로 태어났습니다. 특히, 그는 이베리아반도에 위치하지만 스페인과 다른 언어와 문화를 유지하며 독립을 추구했던 나바레 왕국(Reino de Navarra)의 바스크(Basque) 출신입니다. 볼로냐대학을 졸업한 그의 아버지 후안 디 하수(Juan de Jasso)는 나바레 왕국의 장관을 지냈으며, 하비에르 가문의 유일한 상속녀였던 어머니 도나 마리아 디 아스필쿠에타(Dona Maria de Azpilcueta)와 결혼하여 하비에르 성채에 살게 되었습니다. 그 결과 그는 '하비에르 성채의 영주'로 불리게 되었고, 프란치스코도 아버지의 성(姓)인 '하수' 대신 '하비에르'를 성으로 갖게 되었습니다. 이처럼, 그가 귀족 가문의 자제로 출생했지만, 그의 어린 시절은 결코 금수저의 유복한 생활이 아니었습니다. 교황 율리우스 2세와 프랑스 왕 루이 12세의 갈등으로 벌어진 전쟁에 나바레 왕국이 휘말리면서 1512년 7월 24일 나바레 왕국은 붕괴하였습니다. 아버지의 공직 생활과 하비에르 가문의 사업도 함께 무너졌지요. 심지어 1515년에는 아버지마저 세상을 떠나고 말았습니다.

1520년부터 나바레 왕국의 왕자 엔리케(Enrique)가 프랑스의 후원하에 왕국의 재건을 위해 무장봉기를 일으켰습니다. 이때 하비에르의 두 형들이 나바레의 장교로 이 봉기에 가담했고, 나바레 왕국도 잠시 독립을 쟁취했습니다. 하지만 얼마 후 스페인에 다시 점령됨으로써 그의 두 형들이 망명을 떠나야 했고, 그의 가문도 몰락하고 말았습니다. 다행히 1524년 그들이 사면되어 돌아왔지만, 그때까지 하비에르는 어머니와 함께 힘겨운 삶을 살아야 했습니다. 한편, 이 시기에 한 가지 흥미로운 사건이 발생했습니다. 후에 하비에르와 함께 예수회를 설립하는 이냐시오 로욜라(Ignatius Loyola, 1491-1556)가 스페인 장교로서 하비에르의 형제들과 적군으로 만나 전투를 벌인 것입니다. 심지어, 이 전투에서 로욜라는 심각한 부상을 입고 프랑스 군대의 포로가 되어 하비에르 성채에서 치료를 받았습니다. 비록 두 사람이 직접 만났다는 역사적인 증거는 없지만, 당시 30세였던 로욜라와 15세의 하비에르가 같은 공간에 있었음이 틀림없습니다. 흥미롭고 신비로운 인연입니다.

이냐시오와 만나 예수회를 창설하다

하비에르는 형들이 망명 생활을 마치고 고향으로 돌아오자, 1525년 9월에 자신의 오랜 꿈을 위해 파리로 떠났습니다. 이때부터 하비에르는 11년 동안 파리대학교의 상트바흐브(Sainte-Barbe)대학에서 수학하며 학사·석사 학위를 받았습니다. 졸업 후에는 보베대학에서 논리학, 형이상학, 아리스토텔레스의 물리학 등을 가르쳤습니다. 그의 대학 생활은 대체로 만족스러웠으나, 그의 생활에 결정적인 변화를 가져온 중요한 경험도 있었습니다. 후에 동료 신부가 전하는 기록입니다.

학창 시절을 회고하면서, 그는 교수들과 함께 거의 방탕에 가까운 생활을 했다고 했습니다. 교수가 주동이 되어 밤이면 대학을 빠져나갔고 그도 항상 따라 나갔다고 합니다. 그러나 교수와 친구들의 몸에 난 욕창을 보고서 경악했고, 다시는 그들과 어울리지 않았다고 했습니다. 그 교수가 욕정 때문에 생긴 병으로 1~2년 후에 죽고 난 다음부터는 두려움이 떠나지 않았다고 합니다. 그는 그때부터 경건하고 성실한 사람으로 변했습니다. 그래서 그는 나와 이야기를 나눈 그 순간까지 단 한 번도 여성과 죄악에 빠지지 않았다고 했습니다.

또 하나의 결정적인 사건이 뒤따랐습니다. 1529년, 그가 파리대학에서 로욜라를 만난 것입니다. 만학도로 파리에 도착한 로욜라는 우여곡절 끝에 상트바흐브대학에 입학하여, 하비에르와 같은 기숙사 방을 쓰게 되었습니다. 처음 몇 개월 동안, 하비에르는 로욜라를 냉대했습니다. 로욜라와의 나이 차, 그에 대한 부정적인 소문, 그리고 그의 과거 등으로 결코 가까워질 수 없었습니다. 하지만 로욜라가 "주물렀던 어느 밀가루 반죽보다 더 딱딱했던" 하비에르는 로욜라와 함께 보낸 7개월 동안, 그의 인격과 영성에 매료되어 거의 '성자에 대한 존경심'을 갖고 따르게 되었습니다. 이후 그의 기숙사 룸메이트 3인이 모임을 시작했습니다. 그들은 로욜라가 대학을 졸업한 후부터 그가 만든 영성훈련 지침서 『영신 수련』(Spiritual Exercise)에 따라 수행을 시작했습니다. 그리고 1534년 8월 15일, 로욜라와 그를 따르는 6명의 파리대학교 졸업생들이 몽마르트르 언덕에 모여 예수회(Society of Jesus)를 조직했습니다.

이후, 예수회 회원은 10명으로 증가했습니다. 그들은 이스라엘에서 그리스도처럼 살다 죽기로 결의하고 이스라엘로 떠나는 배를 타기 위해 베네치아(Venezia)에 도착했습니다. 6개월 동안 배를 기다리며 그곳에 머무는 동안, 그들은 환자들과 임종을 앞둔 이들을 보살폈습니다. 이때 하비에르는 "한 인도인을 어깨에 짊어지고 가는 꿈"을 꾸었습니다. 아시아 선교를 향한 신비한 계시였을까요? 1537년 6월 24일, 그는 다른 멤버들과 함께 사제 서품을 받았습니다. 그 무렵, 그들이 예루살렘으로 이동하는 것이 현실적으로 불가능해지자, 그때까지 새로운 수도회를 창설할 의도나 계획이 없었던 예수회 회원들은 자신들의 모임을 수도회로 전환하기로 결정했습니다. 그리고 새로운 회원들을 모집하기 위해 이탈리아 북부로 각각 흩어졌습니다. 이때 하비에르는 볼로냐(Bologna)로 이동하여 거리에서 복음을 전하다가 말라리아에 감염되고 말았습니다.

1538년 4월, 모든 예수회 회원들이 로마에 모였습니다. 하지만 이들은 종교개혁으로 긴장감이 고조된 로마에서 루터파 이단으로 고발되어 7개월 동안 이단 재판소에서 조사를 받아야 했습니다. 겨우 이단 혐의에서 벗어났지만, 이들은 이 사건을 계기로 자신들의 존재 이유를 진지하게 고민하며 수도회의 정신과 조직을 재정비했습니다. 특히 '네 번째 서원'인 "교황께서 명령하시는 임무는 아무리 힘들고 위험한 사역이라 할지라도 반드시 따른다."는 당시로서도 매우 파격적이었습니다. 1539년 4월 19일, 예수회가 가톨릭교회의 공식 수도회로 탄생했습니다. 같은 해 9월 3일, 교황 바오로 3세(Paulus III)가 예수회 설립

을 구두로 승인했으며, 1540년 9월 29일에 공식적으로 승인이
완료되었습니다.

아시아에서 선교 사역을 시작하다

종교개혁으로 유럽이 분열되고 갈등과 긴장이 고조되는 상황에
서 예수회 회원들은 교황의 명령에 따라 유럽 전역으로 흩어졌
습니다. 이때 아시아와의 무역과 선교에 관심이 많던 포르투갈
국왕 주앙 3세(João III)의 요구와 교황 바오로 3세의 지시로 하비
에르는 1541년 4월 7일 리스본 항구에서 산티아고호를 타고 인
도 고아(Goa)로 떠났습니다. 프란시스꼬 만실라스, 파울로 데 카
메리노 신부가 그와 동행했으며, 신임 인도 총독 마르띤 알폰소
디 소자도 같은 배를 탔습니다. 아직 말라리아 감염에서 충분히
회복되지 못한 채 미지의 세계로 떠나는 하비에르는 자신이 살
아 돌아오지 못하리라고 예감했습니다. 항해 도중, 그리고 겨울
을 보내기 위해 모잠비크(Mozambique)에 잠시 정박하는 동안, 그
는 동승한 환자들을 극진히 돌보았습니다. 당시에 그의 모습을
곁에서 지켜본 의사 코스메 사라이바(Cosme Saraiva)가 남긴 기록
입니다.

겨울을 나기 위해 모잠비크 항구에 정박했습니다. 배에 있던 모든 환자를 그가 정성껏 돌보았기에, 40명 남짓한 사람들만 목숨을 잃었습니다. 모든 사람이 이를 기적이라고 믿었으며, 헌신적이고 자비로운 하비에르 신부님을 '우리에게 보내 주신 하나님의 은총'이라고 입을 모아 말했습니다. 너무 무리해서 일하여 그는 병이 들기도 했습니다.

하비에르는 1542년 5월 6일 고아에 도착했습니다. 이미 고아에는 40여 년 전부터 유럽인들이 왕래하고 있었으며, 프란체스코회가 활발히 활동하고 있었습니다. 이런 상황에서, 하비에르는 병원과 감옥을 중심으로 사역을 시작했습니다. 물론, 언어의 장벽 앞에서 당황했지만, 원주민들에게 복음을 전하기 위해 최선을 다했습니다. 종을 흔들어 아이들을 모은 후, 그들 앞에서 성호를 긋고 원주민 발음으로 번역한 주기도문과 십계명을 읽어 주었습니다. 기본 교리도 간단히 설명했지요. 그리고 5개월 후에는 인도 동남부 진주 해변으로 이동하여, 언어적 장벽과 우상 숭배의 난관 속에서도 힌두교도들과 진지하게 대화하며 변증과 전도를 이어 갔습니다. 그 와중에, 얼마 전 집단 개종이 일어났으나 사제가 없어 위기에 처한 몰루카(Molucca) 제도의 한 섬에 대해 들었습니다. 이 소식을 들은 후, 하비에르는 인도 사역을 정리할 때가 되었다고 판단했습니다.

1545년 3월, 하비에르는 성 도마의 흔적이 남아 있는 산토메(Santhome)를 방문하여, 밤에는 기도와 묵상에 집중하고 낮에는 사제의 업무에 충실하며 자신의 미래 사역을 놓고 깊이 고심했습니다. 마침내, 같은 해 8월 말라카 해협(Strait of Malacca)으로 이동하여 4개월간 머문 후, '향료 섬'으로 알려진 몰루카 제도로 다시 선교지를 옮겼습니다. 이곳에는 이미 복음이 전파되어 수천 명의 신자들이 존재했지만, 사제들이 턱없이 부족했습니다. 하비에르는 그런 섬들을 찾아다니며 선교 활동을 이어 갔습니다. 그것은 해적과 식인종의 위협을 감내해야 하는 대단히 위험한 모험이었지요. 하비에르는 몰루카 제도에서 2년간 선교한 후 1547년에 말라카(Malacca)로 귀환했습니다. 대신, 새로 도착한 세 명의 예수회 선교사들을 파송하여, 몰루카 제도에서 그의 사역이 지속되도록 조치하는 것도 잊지 않았습니다.

　1547년 12월 7일, 하비에르는 말라카에서 세 명의 일본인들을 만났습니다. 범죄를 저지르고 말라카로 도피한 가고시마 출신의 사무라이 안지로와 그의 두 시종들이 바로 그들이었습니다. 이미 개종을 결심했던 안지로는 하비에르를 만난 후 일본 선교에 헌신하기로 결심했습니다. 하비에르도 마찬가지였습니다. 이후, 안지로는 두 시종들과 함께 고아로 이동하여 대주교에게 세례를 받고 성바울신학교에서 신학을 공부했습니다. 하비에르도 이들과 함께 고아에 머물면서 예수회 선교가 직면한 여러 문제들을 처리하고 일본 선교도 준비했습니다.

일본 기독교의 역사를 시작한 하비에르와 안지로, 그의 두 시종, 꼬스메 디 또레스(Cosme de Torres) 신부, 후안 페르난데즈(Juan Fernández) 수사, 중국 청년 마누엘(Manuel), 인도인 아마도르(Amador)로 구성된 선교팀이 1549년 8월 15일 일본 최남단 가고시마에 도착했습니다. 당시에, 하비에르는 일본인과 일본 선교에 대해 매우 낙관적인 기대를 갖고 있었습니다. 하지만 그런 부푼 기대는 곧이어 직면하게 된 현실의 장벽 앞에서 빠르게 허물어지고 말았습니다. 특히, 일본어와 겨울 날씨, 불교의 영향력이 그들의 선교 의지를 위협했습니다. 무엇보다, 언어와 통역의 한계로 하나님에 대한 심각한 오해가 발생하면서,[3] 일본인들의 조롱과 비난을 초래하기도 했습니다. 다행히, 포르투갈 상인들과의 무역에 관심이 많았던 영주들이 하비에르에게 친절을 베풀어 그의 선교 활동을 허락했습니다. 그 결과, 세례자들의 수가 꾸준히 증가했다. 장차 일본 교회사에서 중요한 인물로 성장할 베르나도(Bernardo), 미카엘, 마리아 등이 대표적인 소득이었습니다. 하비에르는 십계명과 교리서를 일본어로 번역하여 길거리에서 쉬지 않고 전도했습니다. 동시에, 불교

---

3 하비에르는 안지로의 도움을 받아 가톨릭 교리 해설서 『신앙개조의 설명서』를 일본어로 번역했다. 이때, 라틴어 '데우스'(Deus, 神)를 '다이니치'(大日)로 번역했다. 그런데 다이니치는 불교의 한 종파인 진언종이 신앙하는 '대일여래'였고, 심지어 외설적인 은어를 의미하는 것이었다. 그 결과, 선교 과정에서 큰 혼란을 야기하고 말았다.

승려들과도 지속적으로 논쟁하며 기독교를 변증했습니다. 또한 자신의 현지 경험을 토대로, 언어와 문화에 익숙한 선교사들의 파송을 꾸준히 요청했습니다. 가고시마에서 시작된 그의 일본 선교는 이후 약 27개월 동안 큐슈 지역을 중심으로 진행되었습니다.

중국을 바라보며 눈을 감다

하비에르는 1551년 11월 20일 일본을 떠났습니다. 본래 그는 인도로 돌아갈 계획이었습니다. 하지만 중국 광동성에 속한 상천도에 잠시 정박했을 때, 뜻밖에도 오랜 지인인 포르투갈 무역상 디오고 페레이라(Diogo Pereira)를 만났습니다. 그를 통해, 하비에르도 잘 아는 포르투갈 상인들이 광동성에 포로로 잡혀 있다는 소식을 듣게 되었습니다. 중국과 무역 및 외교 관계를 맺고 싶었던 페레이라는 하비에르에게 중국 선교를 강력히 권했습니다. 이미 일본에 체류할 때 일본 선교의 장벽을 절감하면서 일본과 중국과의 특별한 관계를 파악했던 하비에르는 궁극적으로 중국 선교가 일본 선교에 도움이 되리라고 판단했습니다. 마침내 그는 중국 선교를 결심했습니다.

현실적으로, 중국과의 외교 및 교역 관계를 수립하기 위해서는 포르투갈 총독의 신임장이 필요했습니다. 하비에르는 이 서류를 수령하고 예수회의 선교 현안을 처리하기 위해 잠시 인도 고아를 방문했습니다. 그리고 1552년 4월 다시 인도를 떠나 그의 최후 선교지인 중국으로 향했습니다. 이때 그는 로욜라에게 편지를 썼습니다.

아시아에 있는 우리 예수회의 여러 영혼을 돌보라고 하신 그 임무를 생각할 때, 저는 부적격자임을 솔직히 고백합니다.

같은 시간, 로욜라는 하비에르에게 당장 유럽으로 돌아오라는 편지를 보냈습니다. 하지만 그 편지는 하비에르가 세상을 떠난 후에야 그의 곁에 도착하고 말았습니다. 한발 늦은 것입니다.

중국으로 가던 중 잠시 정박했던 말라카에서 시련을 당했고 배가 항로를 잃기도 했습니다. 하지만 하비에르 일행은 마침내 같은 해 10월 상천도에 무사히 도착할 수 있었습니다. 얼마 후, 상천도에서 포르투갈 상인들의 상황은 더욱 악화하였습니다. 당연히 상인들은 하비에르의 광동성 선교를 강력히 반대했습니다. 그럼에도 하비에르는 중국 선교를 쉽게 단념할 수 없었습니다. 그는 중국으로 입국하기 위해 백방으로 노력했습니다. 다행히 자신을 도와줄 중국 상인을 만날 수 있었고 통역관도 확보했습니다. 그런데 중국 상인이 약속을 어겼습니다. 거액을 제시해도 다른 배편을 구할 수 없었습니다. 그런 절망적인 상황에서 하비에르가 열병으로 쓰러졌습니다. 그토록 중국 선교를 열망했으나, 중국 땅을 목전에 두고 그의 허약한 육체가 더 이상 견디지 못한 것입니다. 주위 사람들이 그를 살리기 위해 피까지 뽑으며 최선을 다했습니다. 하지만 열병에 걸리고 11일이 지난 1552년 12월 3일, 마침내 그가 눈을 감고 말았습니다.

상천도에 임시로 매장되었던 그의 시신은 두 달 후에 말라카로 옮겨져서 대성당 중앙 제단 아래 묻혔습니다. 이어서 1554년 3월 15일, 인도 고아로 돌아와서 지저스 대성당 중앙 제단 좌편에 안치되었습니다. 아시아 전역을 쉬지 않고 이동했던 그의 생애처럼, 그의 시신도 안식하기까지 여러 곳을 떠돌아야 했던 것입니다. 이런 그의 운명을 어떻게 이해해야 할까요? 뿐만 아니라, 그의 시신은 지금까지 썩지 않은 채 보존되고 있습니다. 살아 있을 때도 성인으로 불렸던 그가 사후에도 성인으로 공경받는 또 하나의 이유입니다. 교황 그레고리오 15세(Papa Gregorio XV, 1554-1623)는 1622년 3월 13일 그를 성인으로 선포했습니다.

생각 나눔

16세기 예수회의 탄생은 개신교의 관점에서 이중적 평가를 내릴 수밖에 없습니다. 흔히 예수회는 '반-종교개혁' 혹은 '가톨릭 종교개혁'의 한 축을 이룹니다. 즉 마르틴 루터로부터 시작된 종교개혁의 물결은 가톨릭교회의 반격으로 급격히 약화하였을 뿐만 아니라, 가톨릭교회가 자체 정화 및 강화에 성공하여 절체절명의 위기에서 벗어났습니다. 이런 자체 개혁의 중심에 트리엔트공의회와 함께 예수회가 존재했던 것입니다. 더욱이 예수회의 적극적인 해외 선교 활동으로 유럽에서 상실된 가톨릭의 교세가 해외에서 만회되었습니다. 이런 측면에서 예수회는 '몹시 얄미운' 종교개혁의 방해꾼임이 틀림없습니다. 하지만 보다 넓은 관점에서 예수회는 가톨릭교회의 치명적 약점들을 보완했을 뿐만 아니라, 복음을 아메리카, 아프리카, 아시아에 전파하여 하나님 나라의 지경을 크게 확장하였습니다. 아직 개신교회들이 해외 선교에 나설 여력이 없었을 때, 예수회를 통한 가톨릭교회가 그 사명을 탁월하게 감당한 것입니다. 그런 이유에서 예수회의 역사적 가치와 의미는 결코 저평가될 수 없습니다.

이런 예수회 내에서 하비에르의 위치와 공헌은 특별합니다. 예수회의 창설과 함께 그는 아시아 선교사로 부름받았습니다. 오늘날에도 해외 선교는 안전과 미래가 보장되지 않는 위험한 사명입니다. 하물며 16세기에는 아직 항로조차 불확실했고, 조선술과 항해술도 충분히 발전하지 않았습니다. 특히 서유럽인들에게 아시아는 완벽한 '미지의 세계'였습니다. 그런 상황에서 하비에르가 아시아로 떠난 것입니다. 이후 그의 선교 사역은 정말 선구적 · 영웅적이었습니다. 인도와 말라카, 일본과 중국 앞바다로 이어진 그의 선교 여정은 위험과 모험의 연속이었습니다. 언어와 문화, 기후의 차이를 어떻게 견디고 극복했는지 상상조차 하기 어렵습니다. 11년 동안 그는 그 넓은 지역을 지속적으로 이동하며, 수많은 난관을 극복하면서, 열병으로 쓰러지는 순간까지 복음을 전했습니다. 비록, 그가 생전에 직접 전도한 사람들의 수는 대단하지 않았습니다. 하지만 그의 선교 활동은 '무에서 유를 창조'하는 일이었기에, 단지 수치로 평가할 수 없습니다.

우리는 그의 선교 사역이 서유럽의 제국주의 시대와 시기적으로 일치할 뿐 아니라, 그를 포함한 당시의 선교사들이 식민지 개척자들과 동행하고 협력했다는 사실도 기억해야 합니다. 물론, 당시에 포르투갈은 식민지 개척보다 무역기지 개척에 일차적 관심을 두었으며, 전쟁이나 정복보다 무역에 집중한 것이 사실입니다. 그럼에도 뒤이어 아시아에 진출한 네덜란드, 영국, 프랑스, 덴마크, 미국이 아시아에서 야만적 폭력과 수탈을 자행했음을 우리는 잘 압니다. 그런데 이 불행한 역사의 첫 줄에 포르투갈이 있었던 것입니다. 특히 포르투갈 무역상들을 통해 일본으로 총포가 수입되었고, 그런 무기 거래에 선교사들도 직간접적으로 관여했습니다. 영주들이 일본에 선교를 허용한 일차적인 이유도 종교적인 관심보다 무기 구입에 있었으며, 이런 신식 무기로 무장한 일본 군대가 조선을 침략했습니다. 여전히 "땅끝까지 복음을 전하라"는 대사명에 순종해야 하는 이 시대 그리스도인들은 이 어두운 역사도 잊지 말아야 합니다. 모양과 방식만 바뀌었지, 여전히 제국의 역사는 진행 중이기 때문입니다.

기독교의 교세 확장이 바로 하나님 나라의 확장과 동일시될 수는 없습니다. 그리스도인들의 수가 증가한다고 세상이 순식간에 뒤바뀌지 않기 때문입니다. 그럼에도 복음을 전하는 사람들 중에는 진정한 하나님의 사람들이 존재하며, 그들을 통해 확산되는 복음 때문에 타락한 세상 속에 하나님 나라가 드러나는 것도 부인할 수 없습니다. 그런 거룩한 역사의 일부가 바로 하비에르였습니다. 그도 유한한 인간이기에 오류와 한계를 피할 수 없었지요. 하지만 그는 **하나님에 대한 믿음과 복음에 대한 헌신으로 개인적인 욕망과 명예를 내려놓았습니다. 그리고 끝까지 신실하게 타민족을 섬겼습니다.** 그런 하비에르의 삶과 신앙은 오늘날 우리에게도 소중한 신앙의 유산임이 틀림없습니다. 맹목적인 신앙과 당파적인 욕망이 결합한 종교는 불행의 원천입니다. 숭고한 목적을 위해 부당한 방법마저 거침없이 사용하는 선교는 결코 하나님의 선교일 수 없습니다. 하지만 하비에르가 증명한 타인을 향한 섬김으로서의 종교는 세상의 빛이요 소금입니다. 이제 우리가 그의 바통을 이어받을 차례입니다.

묵상과 토론을 위한 질문

1. 바스크 지방 출신 하비에르는 적대국 스페인 출신의 이냐시오 로
   욜라를 만난 후 예수회를 함께 설립했고, 평생 그에게 순종하며
   동역했습니다. 민족적인 편견과 적대감이 신앙 안에서 극복된
   소중한 사례입니다. 그렇다면, 한국 교회가 신앙과 성령으로 극
   복해야 할 우리 안의 뿌리 깊은 편견과 적대감은 무엇이라고 생
   각합니까?

2. 하비에르는 수많은 난관을 무릅쓰고 인도, 말라카, 일본에서 복
   음을 전했습니다. 끝으로, 중국 선교를 위해 동분서주하던 중 선
   교지에서 생을 마감했습니다. 이로써, 그는 교회사에서 선교사
   의 모범으로 지금까지 존경과 연구의 대상이 되고 있습니다. 선
   교사 하비에르의 신앙과 사역에서 당신에게 가장 인상 깊었던
   부분은 무엇입니까?

3. 하비에르는 일본 선교에 큰 희망과 기대를 갖고 최선을 다했지
   만 언어, 기후, 문화 등에서 혹독한 시행착오를 겪어야 했습니
   다. 그렇다면, 급변하는 한국 사회에서 우리가 복음을 지혜롭게
   전하기 위해 꼭 배워야 할 것, 피해야 할 것, 그리고 적응해야 할
   것은 각각 무엇이라고 생각합니까?

Chapter 9

조지 폭스

성령 안에서 작은 자들을 섬긴 사람

(George Fox, 1624-1691)

교회는 오순절의 성령 강림과 함께 탄생했습니다. 성령 충만한 제자들은 세상을 향해 예수를 그리스도로 고백하며 증거했습니다. 성령의 역사와 제자들의 헌신을 통해 복음이 땅끝까지 전파되면서 하나님 나라도 크게 확장되었습니다. 그 연장선에서 한국 교회가 세워졌습니다. 하지만 언제부터인가, 한국 교회에서 성령 체험이 드물어지고 사회적인 영향력도 급락하고 있습니다. 안타깝고 속상한 현실입니다. 그렇다면 과연 우리는 성령의 강력한 역사와 교회 개혁, 세상의 변화를 다시 경험할 수 있을까요? 이런 맥락에서, 17세기 영국 사회와 교회를 향해 기꺼이 '광야의 외침'이 되었던 조지 폭스에게 주목해 봅시다. 그의 신앙과 삶은 우리가 기억해야 할 소중한 역사적 선례입니다. **성령의 세미한 음성과 사회적 약자들의 신음** 모두를 민감히 감지하고 책임 있게 반응했기 때문입니다.

17세기 영국의 정치와 종교

1603년, 제임스 1세가 등극하며 영국에서 스튜어트 왕조의 막이 올랐습니다. 그는 왕권신수설을 신봉하면서 교회에 대한 지배력을 확립하려 했습니다. 특히, 청교도들에게 일정한 관용을 베풀고 성경 번역도 허락했지만, 궁극적으로 그들이 자신의 권위를 인정하도록 만들었습니다. 특히 캔터베리 대주교 윌리엄 로드(William Laud, 1573-1645)가 왕의 권한을 옹호하고 복종을 강조함으로써 국가와 교회의 관계가 더욱 긴밀해졌습니다. 하지만 이런 현실에 대해 청교도를 포함한 수많은 영국인이 반발했습니다. 그 결과가 소위 청교도혁명(1642-1660)으로 불리는 영국 내전입니다. 이후 영국 국교회의 「39개 신앙 조항」을 개혁주의적 관점에서 개정한 「웨스트민스터 신앙고백」이 1647년에 발표되었으며, 윌리엄 로드와 찰스 1세(Charles I, 1625-49 재위)도 처형되었습니다. 2~3천 명의 국교회 성직자들도 교회에서 추방되었습니다.

하지만 혁명을 주도했던 올리버 크롬웰(Oliver Cromwell, 1599-1658)이 사망하면서 영국은 또 한 차례 극심한 혼란에 빠져들었습니다. 결국, 망명 중이던 찰스 2세(Charles II, 1660-85 재위)가 1660년에 복위했고, '클래런던 법전(Clarendon Code)'[4]을 제정하여 국가적 차원에서 비국교도들을 탄압했습니다. 먼저, 1661년에 통과된 '지역 단체령(the Corporation Act)'에 의해 지역 공직자들이 의무적으로 영국 교회 기도서에 따라 영성체를 해야 했습니다. 1662년에는 '통일령(Act of Uniformity)'이 통과되었습니다. 이로써 모든 목회자들이 주교에 의해 서품되고 기도서의 모든 내용에 동의해야 했습니다. 또한, 1665년에 발표된 '5마일령(the Five Mile Act)'은 비국교도 목회자와 학교장이 관할 지역 밖에 거주하도록 규정했습니다. 1664년과 1670년에 발표된 '비밀집회금지령(the Conventicle Act)'은 비국교도들의 집회 자체를 억압했습니다. 이 시기를 지나면서 수천 명의 비국교도 성직자들이 교회를 떠나야 했습니다. 심지어 감옥에서 극심한 고통을 당하거나 목숨을 잃은 사람들도 적지 않았습니다. 하지만 명예혁명(1688) 이후 '관용령(Toleration Act)'이 통과됨으로써, 마침내 가혹한 법령들이 폐지되어 가톨릭 신자들을 제외한 대다수의 비국교도들이 예배의 자유를 누리게 되었습니다. 조지 폭스의 생애는 정확하게 이 시기와 중첩됩니다.

---

4 클래런던 법전은 1661년부터 1665년 사이에 영국에서 클래런던 백작 에드워드 하이드(Edward Hyde, 1609-74)가 비국교도를 억압함으로써 국교회를 확립하기 위해 제정했던 4개의 법령을 말한다.

영적 순례 중에 '내적인 빛'을 체험하다

조지 폭스는 1624년 7월 잉글랜드 레스터셔의 페니 드레이튼 (Fenny Drayton)에서 크리스토퍼 폭스(Christopher Fox)와 매리 라고(Mary nee Lago)의 네 자녀 중 첫째로 태어났습니다. 그의 부모는 신실한 청교도이자 성실한 방직공으로서 이웃들에게 신용이 높았고, 경제적으로도 유복한 편이었습니다. 이런 가정 환경에서 조지 폭스는 어린 시절부터 종교적으로 민감하고 도덕적으로 순결한 아이로 자랐습니다. 그래서 친척들은 그가 장차 성직자가 될 것이라고 예상했습니다. 하지만 그는 예상과 달리 제화업과 목축업을 함께 경영하던 조지 맥기(George McGee)의 도제(徒弟)로 일하게 되었습니다. 비록 조지 폭스는 공식 교육을 제대로 받지 못했지만, 능숙하게 글을 읽고 쓸 수 있었습니다.

청소년기를 지나면서, 폭스는 심각한 영적 위기를 맞았습니다. 한동안 아브라함의 품에 안긴 것처럼 천상의 희열을 누리다가, 어느 순간에 영적 침체에 빠져 여러 날을 신음하며 보낸 것입니다. 특히 그가 19살이던 어느 날, 신자들인 사촌들과 맥주를 먹으러 갔다가 그들의 무절제한 과음 행위에 크게 실망했습니다. 이후 마음의 평정을 찾을 수 없어 기도하며 울부짖다가 주님의 음성을 들었습니다.

"너는 청년들이 어떻게 허영에 빠지고, 노인들이 어떻게 세상에 물드는지 똑똑히 보고 있다. 그러므로 너는 그들 모두를 포기해라. 그들을 멀리해라. 그리고 그들 모두에게 이방인이 돼라."

그는 즉시 하나님의 명령에 따라 자신이 익숙했던 사람들과 관계를 단절했습니다.

1643년, 폭스는 고향을 떠나 잉글랜드의 여러 지역을 방랑했습니다. 진정한 종교적 체험이나 신앙적 지도를 갈망하면서 말입니다. 때로는 심각한 고독과 우울증에 괴로워했고, 때로는 성직자들을 찾아 신앙의 조언을 구했습니다. 하지만 그가 만난 성직자들은 기껏해야 그에게 담배를 피우거나 시편을 노래하라고 조언할 뿐이었습니다. 심지어 어떤 신부는 자신이 관리하는 정원의 꽃을 폭스가 밟았다며 불같이 화를 내기도 했습니다. 비국교도 목사들도 만나봤지만, 폭스가 여성들에게 영혼이 있다고 주장하자 큰 싸움이 벌어지고 말았습니다.

폭스는 이런 경험을 반복하면서 성직자나 외형적 종교 행위에 대한 신뢰를 상실하고 말았습니다. 그러던 1646년, 그는 "너의 상황에 대해 이야기해 줄 수 있는 한 분, 예수 그리스도가 계신다."라는 신비한 음성을 들었습니다. 이 소리를 들었을 때, 폭스는 너무 기뻐 심장이 터질 것 같았습니다. 그는 이 음성을

"내적인 빛(inner light)"이라고 표현했습니다. 이것을 "그리스도의 신령한 빛"이라고 설명하며, 신자들이 이 빛을 따를 때 온전한 삶을 살 수 있다고 주장했습니다. 동시에 그는 성경과 기도에 몰두하면서 오랫동안 자신을 괴롭혀 온 죄책감에서 벗어났고 마음의 평정도 회복할 수 있었습니다. 여러 깨달음도 얻었습니다. 즉 옥스퍼드나 케임브리지 졸업장이 목회자를 만드는 것이 아니며, 교회는 첨탑이 아니라 바로 사람들이고, 성경에 영감을 불어넣은 성령께서 또한 성경의 참된 해석자라는 사실을 깨달은 것입니다.

끝없는 충돌과 박해 속에 친우회를 조직하다

"내적인 빛"을 체험하고 신앙적인 위기에서 탈출한 폭스는 1647년부터 공개적으로 설교하기 시작했습니다. 예언자적 설교와 치유 사역을 병행하면서, 사람들에게 영향을 끼쳤고 자신이 깨달은 신앙적 통찰도 더욱 강화할 수 있었습니다. 즉, 사람들에게 자기 내면에서 들려오는 그리스도의 목소리를 경청하라고 가르쳤으며, 정직하게 사업하고 어려움에 처한 사람을 불쌍히 여기며 참된 교회의 자유로운 사역에 동참하라고 지속적으로 권면했습니다. 뿐만 아니라, 행정관과 세관원에게 빈민들을 억압하지 말도록 충고했으며, 재산 관련 범죄에 대해 사형을 선고하는 것은 지나치다며 강력히 비판했습니다. 사회적인 평등을 적극 옹호하여, 귀족에게 경칭을 사용하거나 그들 앞에서 모자를 벗는 것도 거부했습니다. 그 결과, 비록 숫자는 적었지만 그를 따르는 사람들이 생겨났습니다. 동시에 기득권층은 그의 주장에 불만이 많았고, 그의 거침없는 행동을 경계 · 감시하기 시작했습니다.

초기에, 폭스와 동료들은 자신들을 "빛의 자녀들"이나 "진리의 친구들" 후에는 요한복음 15장 4절 말씀("너희는 내 친구라")에 따라, "친구들(Friends)"이라고 불렀습니다. 폭스는 새로운 분파(sect)를 창설할 의도나 계획이 전혀 없었습니다. 단지 기독교의 순수하고 진정한 원리를 충실히 실천하고 싶었을 뿐입니다. 그런데 그가 더비(Derby)에서 1년간 감옥에 갇혔을 때, 재판 중인 폭스가 베네트 판사에게 주님 앞에서 떨라(quake)고 요청하자, 판사가 폭스의 운동에 "퀘이커(Quaker)"라는 별명을 붙여 주었습니다. 이후 대중들은 친우회(the Religious Society of Friends)라는 공식 이름보다, '퀘이커'라는 별명에 더 친숙해졌습니다.

이 시기 동안 폭스는 워릭셔(Warwickshire), 레스터셔(Leicestershire), 노팅엄셔(Nottinghamshire), 더비셔(Derbyshire) 같은 잉글랜드 중부 지역에서 주로 사역했습니다. 그런데 1651년에 북쪽으로 방향을 틀어 북동부에 위치한 요크셔(Yorkshire)에서 복음을 전했고, 1652년에는 랭커셔(Lancashire)에 도착했습니다. 가톨릭 세력이 강했던 이 지역에서, 폭스는 어느 날 팬들힐(Pendle Hill)에 올랐습니다. 귀신들이 자주 출몰한다고 소문난 이 산에서, 폭스는 수많은 사람들이 주님께 돌아오는 환상을 보았습니다. 이후, 폭스는 노스랭카셔(North Lancashire)와 웨스트모어랜드(Westmorland)에서 수많은 사람들이 케이커교도로 회심하는 것을 목격했습니다. 이 지역에는 급진적인 비국교도 시커스(Seekers)가 활동하고 있었습니다. 그들은 당대의 조직 교회들이 부패했다고 비판하며 하나님의 계시를 기다리고 있었는데, 폭스의 메시지에 열광적으로 반응하며 따르기 시작했습니다. 같은 해, 폭스는 울버스톤(Ulverston) 인근의 작은 마을 스와스무어(Swarthmoor)를 방문하여, 토마스 펠(Thomas Fell)과 마가렛 펠(Margaret Fell, 1614-1702) 부부를 만났습니다. 그때부터 이 부부는 폭스의 든든한 지원자들이 되었으며, 그들의 집은 퀘이커 운동의 센터가 되었습니다. 특히 토마스가 세상을 떠난 후 폭스와 결혼한 마가렛은 폭스와 함께 퀘이커 초창기에 매우 중요한 역할을 담당했습니다. 무엇보다, 이 운동에서 여성의 지위와 역할을 향상시키는 데 크게 기여했습니다. 이처럼 중요한 일이 연속해서 일어난 1652년이 퀘이커 운동의 기원으로 기억됩니다.

이후 이 운동은 빠르게 성장했습니다. 폭스는 예배를 위한 지역 모임 외에도, 월별 모임, 분기별 모임, 그리고 전국적인 연회(Yearly Meeting)를 조직하며, 이 운동의 제도적·조직적 틀을 마련했습니다. 그 결과 폭스는 환상을 보는 사람이자 실천적인 행정가로서 교회사에서 매우 이례적인 인물이 되었습니다. 동시에 폭스는 영국과 웨일즈, 스코틀랜드(1657), 아일랜드(1669), 북미 식민지와 서인도제도(1671-1672), 유럽대륙(1670-80년대)을 쉬지 않고 방문하면서 설교하고 모임을 조직했습니다. 그러나 조직이 빠르게 성장하면서 그의 영향력이 크게 증대하자 동지들과의 충돌도 빈번해졌습니다. 대표적인 예가, 대단한 카리스마의 소유자였던 제임스 네일러(James Nayler, 1616-1660)와의 결별입니다. 한편, 폭스는 이 기간(1649-1673)에 8차례나 투옥되었습니다. 그는 거침없이 기존 교회를 비판하고 성직자들의 권위를 부정했습니다. 불평등한 사회적 관습(특히 여성과 노예)을 거부했으며, 맹세나 십일조 납부도 거절했습니다. 그 결과 성직자, 정치가, 법관, 군인, 귀족의 분노와 증오가 끊임없이 터져 나왔습니다. 따라서 그의 감옥행은 예견된 일이었습니다. 때마침, 1660년에 스튜어트 왕가가 회복된 후, 다양한 비국교도들, 특히 퀘이커들을 탄압하는 법령들이 연속해서 통과되었습니다. 무엇보다, 비밀집회금지령(1664, 1670)의 영향으로 수많은 퀘이커들이 감옥에서 목숨을 잃었습니다. 당시에 영국의 감옥은 생지옥을 방불케 할 정도로 열악했기 때문입니다. 폭스는 감옥의 비참한 현실을 직접 체험했기에 남은 생애 동안 영국의 감옥 개혁을 위한 강력한 목소리로 활약했습니다.

달려갈 길을 마친 후에

폭스는 생애 마지막 15년 동안 유럽의 여러 지역(독일, 네덜란드)과 런던을 방문했습니다. 조직 내부의 여러 문제들도 처리하고, 많은 사람들과 서신을 교환했습니다. 한편, 1675년에 자신의 생애를 요약적으로 구술했는데, 그의 사후에 자료가 보강되어 『조지 폭스의 일기』로 출판되었습니다. 이 일기는 객관적인 측면에선 어느 정도 논란의 여지가 있지만, 폭스와 퀘이커 운동의 초기 역사에 대한 소중한 사료(史料)입니다. 한편, 폭스는 1683년에 다시 한번 체포되었습니다. 이때부터 건강이 악화하기 시작했습니다. 그럼에도 그는 안식할 수 없었습니다. 박해가 지속되고 있었기 때문입니다. 명예혁명 이후 관용령(1689)이 통과되어 마침내 종교의 자유가 허락될 때까지, 폭스는 감옥에 있는 동료 퀘이커들을 위해 구명 활동을 멈추지 않았습니다. 그리고 지상에서 자신의 사명이 다했다고 판단했기 때문일까요? 1691년 1월 13일 밤 10시 무렵, 폭스는 숨을 거두었습니다. 3일 후, 수천 명이 애도하는 가운데 퀘이커 묘지에 안장되었습니다. 그가 세상을 떠날 당시 주로 잉글랜드, 스코틀랜드, 북미 식민지에 대략 10만 명의 퀘이커들이 존재하고 있었습니다. 그의 헌신이 낳은 소중한 열매였습니다.

예언자적 신비가요 사회 개혁가로서 폭스의 열정적인 사역에도 불구하고, 퀘이커 운동은 이 세상 어디에서도 신학적·정치적 측면에서 주류 종교로 부상한 적이 없습니다. 하지만 다음과 같은 김영태 박사의 평가처럼, 그들의 존재는 결코 무시할 수 없습니다.

> 사회적 또는 정치적 개혁에 대한 퀘이커의 노력은 주로 신앙의 자유, 교육, 노예 제도의 폐지, 흑인 및 인디언에 대한 보호, 정신병원 환경의 개선, 전쟁 시 혹은 전후의 구제사업, 유치장 및 교도소의 환경 개선, 전쟁 반대, 국제 평화 등 다방면에 걸쳐서 이루어졌다. 퀘이커들의 이러한 노력은 곧장 세상에 알려지게 되었다. 퀘이커교는 소규모의 단체이며 그들이 이룩한 사업도 매우 큰 것은 아니기 때문에 대수롭지 않은 단체로 여겨질지 모르지만, 사실은 그렇지 않다. 그들의 개척자적인 성격, 새로운 미래에 대한 과감한 시도 등은 세인들을 이따금 깜짝 놀라게 하곤 했다.

생각 나눔

예수님은 유대인으로서 이스라엘의 예언자 전통을 충실히 계승하시며 당대 유대교의 왜곡과 변질을 통렬히 비판하셨습니다. 이후 바울을 통해 복음이 소아시아로 전파되면서 소위 "헤브라이즘과 헬레니즘의 결합"이 시작되었습니다. 이교도들에게 복음을 체계적으로 설명할 뿐 아니라, 교회 내의 다양한 견해들을 조율하면서 정통 교리를 확정해야 했습니다. 동시에 수많은 문서들 중에서 정경을 확립하는 소위 '정경화(cannonization)' 작업도 진행되었습니다. 이 과정에서 엘리트들의 역할이 매우 중요해졌고, 그들의 지위와 권위도 증가했습니다. 이런 흐름을 '기독교 지성주의'라고 명명할 수 있을 것입니다. 한편, 하나님을 이성과 논리 대신 기도와 묵상을 통해 알려는 노력이 광야와 사막에서 진행되었습니다. 그 결과 수도원이 탄생했습니다. 수사들에게 성경은 지적 연구와 논쟁의 대상이 아니라, 묵상과 실천의 대상이었습니다. 기도는 예배의 일부가 아니라, 하나님과 그들을 연결하는 영적 숨결이었지요. 무엇보다 성경 묵상과 기도는 성령의 임재 속에 하나님을 경험하는 은혜의 도구였습니다. 이런 방식으로 그들은 하나님을 알고 하나님과 하나가 되었습니다. 이런 전통을 '기독교 신비주의'라고 명명할 수 있습니다.

17세기 영국에서 활동했던 조지 폭스는 이런 기독교 신비주의의 전통을 계승한 대표적인 개신교인입니다. 그의 영적 순례와 퀘이커 사역을 통해, 우리는 몇 가지 특징을 발견할 수 있습니다. 첫째, 그는 형식주의와 교조주의에 장악된 기성 교회에서 영적 만족을 누릴 수 없었습니다. 익숙한 교리, 반복된 예전, 진부한 설교, 무능력한 성직자는 진정한 구원의 도구가 될 수 없다고 생각했기 때문입니다. 둘째, 그가 찾은 답은 그에게 말씀하시는 성령의 세미한 음성, 즉 "내적인 빛"이었습니다. 또한 그것은 성직자의 독점물이 아니라 모든 인간에게 부여된 하나님의 선물이었습니다. 셋째, 이런 체험은 그가 성경과 기도를 새롭게 이해하도록 도왔습니다. 성령 안에서 성경을 묵상하고 기도하는 법을 깨달은 것입니다. 이로써 그는 말씀과 기도를 통해 하나님과 연결되고 역동적으로 살 수 있게 되었습니다. 넷째, 내적인 빛에 대한 발견은 사회를 향한 그의 시야와 태도에 극적인 변화를 가져왔습니다. 하나님의 음성에 귀를 기울일수록, 세상의 악과 부조리를 보다 분명하게 인식할 수 있었습니다. 그런 인식은 예언자적 선포와 행동으로 이어졌습니다. 이로써 폭스의 신비주의는 개인과 공동체, 교회와 사회, 묵상과 실천, 기도와 행동이 유기적으로 통합된 혁신적 모델을 세상에 제시할 수 있었습니다.

하지만 폭스가 시작한 퀘이커주의는 결코 교회사의 주류가 되지 못했습니다. 일차적으로, 신비주의에 대한 대중적 오해로 인해 퀘이커주의의 진면목이 대중에게 제대로 전달되지 못했기 때문입니다. 동시에 기존 교회에서는 경험하지 못한 낯선 유형의 기독교이므로 대중들이 쉽게 접근하기 어려웠습니다. 하지만 무엇보다 퀘이커주의가 교회와 사회의 고질적 문제들에 비판적 태도를 견지하는 것이 기존 교인들에게 큰 부담으로 작용하는 것 같습니다. 전쟁과 폭력으로 작동되는 세상에서 평화와 비폭력을 부르짖고, 여전히 남녀 차별과 남아 선호가 생생히 살아 있는 사회에서 만민 평등을 요구하며, 교권 구조와 성직자 중심주의가 보편적 진리로 통용되는 시대에서 교권 구조와 성례전을 거부하는 퀘이커들의 목소리는 주류 개신교인들에게는 여전히 불온하고 불편하게 들릴 수밖에 없습니다. 하지만 우리는 그렇게 굳건하게 견지해 왔던 교권 구조와 성직자 중심의 교회론이 뿌리째 흔들리는 시대를 살고 있습니다. 더 이상 전쟁과 폭력으로는 어떤 문제도 해결할 수 없다는 것이 자명해졌고, 어떤 이유와 명분으로도 배제와 차별, 혐오는 정당화될 수 없습니다. 이런 때에 폭스와 퀘이커주의는 우리에게 매우 유익한 지혜와 선례를 제공해 줄 수 있습니다.

기독교 안에 존재하는 다양한 교리와 제도는 수많은 사람들의 땀과 피의 산물입니다. 그것들은 신앙의 틀과 신학의 기둥이 되어, 교회를 형성·유지하는 데 크게 기여했습니다. 그래서 그것들 자체가 숭고하고 소중합니다. 하지만 교리와 제도가 본질을 상실하고 맥락을 놓칠 경우, 오히려 교회의 생명력을 질식시키는 잔인한 고문 도구로 변질되곤 했습니다. 이런 맥락에서 **성령의 임재와 성경적 진리에 주목하고, 영적 체험과 실천적 신앙을 강조하며, 신앙의 개인적 차원과 사회적 차원을 균형 있게 추구**했던 조지 폭스는 지금 이 땅의 그리스도인들이 기억해야 할 교회사의 소중한 유산입니다. 특히 한국 교회가 성령·성경·실천·섬김보다, 교리·제도·형식·욕망에 더 집착하는 현실을 고려할 때, 폭스의 사역과 사상은 특별한 가치가 있습니다. 폭스처럼, 성령 안에서 '작은 자들'을 정성껏 섬기는 사람들이 더욱 많아져야 하기 때문입니다.

묵상과 토론을 위한 질문

1. 폭스는 진정한 신앙을 찾아 영적 순례를 떠났지만, 기성 교회의 목회자들로부터 적절한 도움이나 해답을 얻지 못했습니다. 뿐만 아니라, 동시대 기독교인들의 위선과 부도덕에 크게 실망했습니다. 결국, 온전한 신앙은 올바른 교리와 진실한 실천이 균형을 이루어야 합니다. 그런 면에서 당신의 신앙생활은 어떤 상태와 수준에 있다고 생각합니까?

2. 폭스는 영적 순례의 과정에서 '내적인 빛'을 발견한 후, 교회의 뿌리 깊은 교권주의를 거부했고 부당한 세속의 여러 제도에 저항했습니다. 당신의 경우, 회심 이후에 나타난 가장 주목할 만한 변화는 무엇이었습니까?

3. 폭스는 성경의 권위를 존중했지만, 내면에서 들려오는 주님의 음성, 즉 '내적인 빛'에도 주목했습니다. 이런 모습은 영적 체험을 중시하는 신비주의와 '오직 성경'을 강조하는 성경주의 모두를 포함하면서, 동시에 양측과 일정한 거리를 유지하는 것처럼 보입니다. 당신이 폭스에게서 '배운 것'과 '불편한 것'은 무엇입니까? 서로 나누어 봅시다.

Chapter 10

존 웨슬리

성결을 갈망했던 전도자

(John Wesley, 1703-1791)

인간의 본질 중 하나는 유한성입니다. 그래서 완전한 인간, 완벽한 세상은 존재할 수 없습니다. 그럼에도 인간은 자명한 한계 속에서 **완전을 향한 몸부림**을 중단한 적이 없습니다. 우리를 위한 예수 그리스도의 대속과 우리에게 찾아오신 성령님, 그리고 우리 안에 내재하는 하나님의 형상 때문입니다. 동시에 교회사와 우리의 현실은 그런 꿈과 도전을 일찌감치 포기한 종교인들로 가득합니다. 그런 종교는 결코 세상을 구할 수 없습니다. 이런 맥락에서 존 웨슬리는 우리에게 소중한 역사의 등불입니다. 열악한 상황에서도 평생 복음 전도와 성결을 향한 비전을 포기하지 않았기 때문입니다.

진지한 영국 국교회 사제로 성장하다

존 웨슬리는 1703년 6월 17일(혹은 28일) 영국 엡워스(Epworth)
에서 국교회 목사 새뮤얼 웨슬리(Samuel Wesley)와 수잔나 웨슬
리(Susanna Wesley)의 19명 자녀들 중 15번째로 태어났습니다.
1709년 2월 9일, 웨슬리 가족의 목사관에 화재가 발생했을 때,
존은 극적으로 구조되었습니다. 후에 성인이 되었을 때, 그는
"불에서 꺼낸 그슬린 나무가 아니냐"(슥 3:2)라는 성경 구절을 기
억하면서, 이 사건과 자신을 향한 섭리를 마음에 새겼습니다.
교구 목사였던 새뮤얼 가족은 항상 경제적으로 어려웠습니다.
19명의 자녀들 중 9명이 유아기에 세상을 떠났습니다. 이런 환
경에서도 웨슬리 부부는 자녀 교육에 관심이 지대했습니다. 특
히, 현명했던 어머니 수잔나는 탁월하게 자녀들을 양육하고 남
편의 목회를 도왔습니다. 아버지보다 어머니와 더 친밀했던 존
웨슬리는 신앙적인 차원에서 어머니에게 많은 영향을 받았습니
다. 사역을 시작한 후에도 지속적으로 어머니에게 목회의 조언
을 구했을 정도로 말입니다.

1714년, 존 웨슬리는 런던의 차터하우스학교(Charterhouse
School)에 등록하여 성경을 읽고 기도 훈련을 받았으며, 6년 후
에는 옥스퍼드의 크라이스트처치(Christ Church)에 입학했습니다.
항상 경제적으로 어려웠지만 다른 대학생들처럼 자주 커피하

우스에 출입했고, 주사위 놀이, 당구, 체스, 카드, 테니스를 즐겼으며, 가끔은 극장에도 갔습니다. 하지만 1725년 전후로 존 웨슬리의 영적 여정에 중요한 변화가 생기기 시작했습니다. 주변 친구들과 이 무렵에 읽은 신앙 서적들의 영향이 지대했기 때문입니다. 특히 토마스 아 켐피스(Thomas à Kempis, 1380-1471)의 『그리스도를 본받아』와 제레미 테일러(Jeremy Taylor, 1613-67)의 『거룩하게 살고 거룩하게 죽는 규율과 훈련』을 통해 존은 성결이 신앙의 궁극적인 목표임을 깨달았습니다. 이런 변화를 감지한 부모의 적극적인 권유로, 존은 1725년에 국교회 목사(deacon)로 안수를 받았고, 옥스퍼드에서 학업을 이어 갔습니다. 1727년에는 석사 학위를 취득하고 세 개의 강의를 담당했으며, 엡워스와 루트에서 아버지 교회의 부목사로 섬기기 시작했습니다. 다음 해 9월 22일에는 사제(elder) 안수를 받았습니다.

한편, 옥스퍼드 크라이스트처치에서 공부하던 동생 찰스 웨슬리(Charles Wesley, 1707-88)가 같은 시기에 소수의 학생들과 소모임을 시작하여 경건 훈련과 선행을 실천하기 시작했습니다. 1729년, 옥스퍼드로 돌아온 존 웨슬리도 동생의 모임에 합류했지요. 이 모임은 1730년부터 정규 모임으로 발전했는데, 주변에서 "성경 광신자", "성경 벌레"라는 조롱을 받았습니다. 결국, "성결 모임", "신성 클럽" 등으로 불리다가, 크라이스트처치의 존 빙햄(John Bingham)이 "우리 중에 새로운 메소디스트가 생겼다."라고 말한 1732년부터 메소디스트(Methodist)로 불리게 되었습니다.

이 무렵에 웨슬리는 윌리엄 로우(William Law, 1686-1761)의 『기독자의 완전』과 『신실하고 성스러운 삶에 대한 진지한 초대』를 읽었습니다. 이 책을 통해 하나님의 법을 생명의 선물로 이해했고, 문자와 영혼 사이의 차이도 인지하게 되었습니다. 1734년부터는 "엄밀한 일기"도 쓰기 시작했습니다. 이런 과정을 통해 신앙에 대한 웨슬리의 관심과 이해가 한층 깊어졌습니다. 즉, 종교와 성결의 본질을 마음과 삶의 변화로 이해하게 된 것입니다.

신앙의 위기를 통과하며 전도자로 거듭나다

1734년 말부터 아버지 새뮤얼의 건강이 약해지자, 아버지는 존이 자신의 목회 자리를 맡아 주길 원했습니다. 하지만 존은 아버지의 제안을 단호하게 거절했습니다. 1735년 봄, 새뮤얼이 세상을 떠났을 때, 잠시 런던을 방문했다가 존 버튼(John Burton) 목사와 조지아 식민지 주지사인 제임스 오글소프(James Edward Oglethorpe, 1696-1785)로부터 조지아 식민지에 선교사로 와달라는 부탁을 받았습니다. 존은 이교도에게 복음을 전하면서 복음의 진정한 의미를 배우고 자신의 영혼도 구원하고 싶다는 열망으로 그 제안을 수락했습니다. 1735년 10월 14일, 존과 찰스 형제, 벤자민 잉햄(Benjamin Ingham)과 찰스 델라모트(Charles Delamotte), 그리고 26명의 모라비안(Moravian) 등이 시몬즈호에 승선했습니다.

항해 도중 여러 차례 폭풍우를 만나면서 승객들은 생사의 위기를 넘나들었습니다. 그때마다 존은 죽음의 공포에 휩싸였고, 자신에게 믿음이 없음을 절감했습니다. 반면, 이런 상황에서 찬송을 부르며 죽음을 두려워하지 않는 독일 모라비안들에게 깊은 감명을 받았습니다. 이를 통해 존은 죽음 앞에 담대한 것과 진정한 그리스도인을 연결 짓게 되었습니다. 한편, 1736년 2월 조지아에 도착하여 모라비안 목사 아우구스트 슈팡겐베르크(August Gottlieb Spangenberg, 1704-1792)를 만났습니다. 그때 존은 슈팡겐베르크가 던진 두 가지 질문("당신 안에 증거가 있습니까?" "하나님의 영이 당신의 영과 더불어 당신이 하나님의 자녀임을 증거 합니까?")에 제대로 답하지 못했습니다. 존은 자신 안에 하나님의 자녀라는 성령의 증거가 부족함을 깨닫고, 이후 모라비아인들에게 더 많은 것을 배우기 위해 직접 독일어를 배우기 시작했습니다.

조지아 사바나(Savannah)에서 사역을 시작한 존은 가끔 인디언들에게 설교했지만, 주된 사역은 사바나 정착민들을 대상으로 설교하고 성례전을 집례하는 것이었습니다. 하지만 얼마 지나지 않아, 그의 목회는 여러 암초들에 부닥치고 말았습니다. 기본적으로 그는 지나치게 엄격하고 고지식했습니다. 무엇보다 하나님에 대한 영적 순결을 유지하는 일에 과도하게 집착했습니다. 그런 상황에서 비국교도뿐만 아니라 국교도들에게도 냉혹했습니다. 소피아 합키(Sophia Hopkey)와의 사랑마저 스캔들로 막을 내렸습니다. 사면초가에 직면한 존은 1737년 12월 2일 이렇게 말했습니다. "내 발의 먼지를 털고 조지아를 떠났다."

1738년 2월, 영국으로 돌아온 존은 모라비안 선교사 피터 뵐러(Peter Boehler, 1712-1775)를 만났습니다. 자신에게 여전히 믿음이 부족함을 발견한 존은 더 이상 설교할 수 없을 것만 같았습니다. 하지만 "믿음이 생길 때까지 믿음을 설교하시오. 그리고 믿음이 생기거든 계속 믿음을 설교하시오."라는 뵐러의 조언으로 영적 슬럼프에서 벗어날 수 있었습니다. 이후, 뵐러는 런던 페터 레인(Fetter Lane)에 종교 소사이어티(society)를 설립했습니다. 존도 이곳에서 종종 설교했고 모임을 위한 규칙도 만들어 주었습니다. 하지만 같은 시기에 존은 국교회로부터 설교를 거부당하기 시작했고, 율법의 실천을 강조하는 윌리엄 로우(William Law)와도 결별했습니다. "믿음이 가져오는 구원뿐만 아니라 믿음 자체도 하나님께서 값없이 주시는 선물"임을 깨달았기 때문입니다.

그러던 1738년 5월 24일, 존은 불편한 마음으로 올더스게이트 거리(Aldersgate Street)의 한 소사이어티에 참석했습니다. 그리고 사건이 벌어졌습니다.

그곳에서 어떤 이가 루터의 로마서 서문을 읽고 있었다. 약 9시 15분 전쯤에 이르러서, 그가 그리스도에 대한 믿음을 통해서 하나님께서 우리 심령에 일으키시는 변화에 대해 이야기할 때, 나는 내 마음이 이상하게 뜨거워지는 것을 느꼈다. 내가 그리스도를 신뢰한다는 것과 그리스도만이 구원이시며, 그분이 나 같은 죄인의 죄를 제거하시고, 죄와 사망의 법에서 나를 구하셨다는 확신이 생겼다.

이런 올더스게이트 경험은 존 웨슬리의 삶에 결정적인 전환점이 되었고, 모라비안과의 관계도 한층 더 긴밀해졌습니다. 존은 모라비안들의 본부인 헤른후트(Herrnhut)를 방문했습니다. 마리엔본(Marienborn)에서는 그들의 지도자 진젠도르프 백작(Nikolaus Ludwig, Count von Zinzendorf, 1700-60)도 만났습니다. 이런 경험을 통해, 존에 대한 모라비안들의 영향은 더욱 깊어 갔습니다.

이 무렵, 조지 휫필드(George Whitefield, 1714-1770)가 미국에서 돌아왔습니다. 그는 옥스퍼드에서 존과 함께 '신성 클럽'에 참여했던 탁월한 설교자로서, 장차 영국과 미국에서 부흥 운동을 주도하게 될 인물입니다. 얼마 전, 존은 자신의 활동을 제약하는 국교회를 향해 "세계는 나의 교구다."라고 선언하면서, "구원의 복음을 듣기 원하는 이들에게 선포하는 것이 나의 의무다."라고 천명한 적이 있습니다. 이런 상황에서, 존은 휫필드의 영향을 받으며 1739년 4월부터 옥외설교를 시작했습니다.

보다 비천해지기로 마음먹고, 도로상에서, 그 마을에 붙은 공터의 약간 튀어나온 부분에 서서 구원의 복음을 약 3천여 명의 사람들에게 선포했다.

이후, 옥외설교는 존을 상징하는 대표적인 사역으로 발전했습니다. 하지만 웨슬리는 옥외설교를 시작한 이후 성공회 교구의 경계를 무시했고, 때로는 예전과 의식마저 간과하는 모습을 보였습니다. 또한, 순회 전도로 메소디스트 공동체가 증가하자 평신도 설교자를 세우기 시작했습니다. 당연히 국교회 성직자들은 이런 것들을 문제 삼았지요. 웨슬리와 국교회의 관계는 더욱 악화할 수밖에 없었습니다. 모라비안 및 칼뱅주의자들과의 관계도 마찬가지였습니다. 페터레인(Fetter Lane)의 필립 몰더(Philipp Molther)가 칭의와 중생의 믿음을 갖기 전까지 성찬 등에 참여하지 말라고 가르치자, 은총의 수단을 성화에 유용한 것으로 확신했던 존 웨슬리는 몰더와 충돌했습니다. 결국, 1740년

7월 16일부터 웨슬리는 더 이상 페터레인에서 설교할 수 없게 되었습니다. 웨슬리는 4일 후 18-19명의 사람들(대부분이 여성들)과 파운더리(Foundery)에서 새로운 모임을 시작했습니다. 또한 1739년 4월, 웨슬리는 『값없이 주시는 은혜』라는 설교를 출판하여, 칼뱅주의자들의 '무조건적 선택', '불가항력적 은혜', '성도의 견인' 교리를 비판했습니다. 그 결과, 헌팅던 백작부인(Selina Hastings, Countess of Huntingdon, 1707-91)과 휫필드를 중심으로 한 칼뱅주의 메소디스트들이 웨일즈에서 자신들의 세력을 별도로 규합했습니다. 그야말로 갈등과 분열의 연속이었습니다.

조직과 신학의 성장이 갈등과 분열로 이어지다

1740년대가 시작되면서, 웨슬리의 사역이 북부의 뉴캐슬까지 확장되었고, 내부 조직도 더욱 치밀하고 견고해졌습니다. 1742년 초, 12명으로 구성되고 여자도 지도자가 될 수 있는 속회(class meeting)가 시작되었습니다. 1743년에는 『연합회의 성격과 일반규칙』을 출판하여 부적격한 회원들을 제명했습니다. 또한, '반(band)', '특별 신도회(select societies)', '참회(penitents)'를 조직하여 영적 상태와 수준에 따라 신앙을 지도할 수 있게 했습니다. 뿐만 아니라, 신도회와 속회를 통해 가난한 자들에게 영적·물질적 필요를 제공했으며, 1746년에는 런던에 무료 보건소도 설립했습니다.

한편, 기독교와 성결에 대한 그의 신학적인 이해도 크게 발전했습니다. 그는 1750년대에 단순한 지적 동의나 의견을 중시하여 심령의 작용을 거부하는 경향을 강하게 비판했고, 심령의 거룩한 성품이라는 관점에서 하나님 나라와 진정한 기독교를 설명했습니다. 1760년대에는 완전의 중요성을 계속 강조했지만, "죄 없는 완전"이라는 용어는 끝까지 기피했습니다. 완전히 성화된 사람도 인간의 육체적인 한계로 의도치 않게 사랑의 법을 범할 수 있다고 인정했기 때문입니다. 1760년대 말에는 그리스도인의 완전(Christian Perfection)을 "마음을 다해 하나님을 사랑하고, 전적으로 하나님께 헌신하며, 하나님의 형상을 완전히 회복하고, 그리스도의 모든 마음을 소유하며, 그리스도가 가신 길을 가는 것"이라고 정리했습니다.

하지만 국교회와의 관계는 지속적으로 악화되고 말았습니다. 무엇보다 오해와 선동으로 웨슬리의 청중들이 구타를 당하고 돌멩이 세례를 받았습니다. 그의 설교에 청중들이 쓰러지고 울부짖는 현상이 나타나자, 국교회 성직자들이 이들을 '열광주의자' 혹은 '광신자'라고 비난했습니다. 이런 상황에서 1744년 8월 24일, 웨슬리는 옥스퍼드 세인트메리교회(Church of St. Mary)에서 "성서적 기독교"라는 제목으로 설교했습니다. 이 설교에서 웨슬리는 옥스퍼드 젊은이들을 "사소한 세대, 하나님께 사소한 이들, 서로서로에게 그리고 여러분 자신에게조차 사소한 이들"이라고 질타했습니다. 이 설교 후에 웨슬리는 더 이상 옥스퍼드에서 설교할 수 없게 되었습니다. 충분히 예상된 결과였습니다. 1755년에는 리즈(Leeds)에서 열린 연회에서 "메소디스트 설교자들이 국교회를 떠나야 하는가?" 하는 안건이 최초로 상정되면서 위기감이 고조되었습니다. 1760년대에는 일부 메소디스트 설교가들이 설교 외에 성찬도 집례함으로써, 내부적인 갈등과 함께 국교회와의 충돌이 한층 더 심화하였습니다. 심지어 1765년에 웨슬리는 한 그리스 출신 감독에게 부탁하여 존 존스(John Jones)와 이후 6명에게 안수를 주게 했습니다. 상황이 점점 더 돌이킬 수 없는 지경으로 치달은 것입니다.

개인적인 관계에도 어려움이 꼬리를 물었습니다. 무엇보다 오랫동안 웨슬리의 영적 멘토로 그의 삶과 사역에 큰 영향을 끼쳤던 어머니 수잔나가 1742년 7월 30일 세상을 떠났습니다. 이로써 웨슬리는 가장 소중한 지지자와 멘토를 잃었습니다. 한편, 웨슬리는 사역을 위해 여러 여성들과 긴밀한 관계를 유지했는데, 그의 고지식하고 우유부단한 태도로 오해와 갈등이 반복되었습니다. 마침내 1751년 메리 바질(Mary Vazeille)과 결혼했으나, 동일한 문제로 여러 차례 다툼과 별거를 반복하며 불행한 결혼생활이 이어졌습니다. 뿐만 아니라, 토마스 맥스필드(Thomas

Maxfield)와 조지 벨(George Bell)처럼 열광주의, 극단적 종말론과 율법 폐기론적인 태도를 보이는 설교자들도 출현했습니다. 결국, 그들은 웨슬리와 관계를 단절하고 독자적인 사역을 시작했습니다.

한계와 오류 속에서도 끝까지 성결을 갈망하다

1770년대 동안, 웨슬리의 사역이 꾸준히 성장하면서, 칼뱅주의자들 및 국교회와의 갈등이 절정에 달했습니다. 무엇보다, 오랫동안 토리당원으로 미국의 독립을 강력히 반대했던 웨슬리가 1784년 연회에서 감독의 역할을 수행하여 토마스 코크(Thomas Coke, 1747-1814)를 '지도자(Superintendent)'로 안수·임명했고, 미국의 프란시스 에즈베리(Francis Asbury, 1745-1816)를 '최고지도자'로 세운 것입니다. 1785년과 1788년에는 스코틀랜드와 잉글랜드 사역을 위해 여러 목사를 안수하여 배출했습니다. 하지만 동생 찰스는 이런 형의 결정을 용납할 수 없었기에, 이 일로 두 사람의 관계에 금이 가고 말았습니다.

한편, 칼뱅주의자들은 웨슬리가 선행을 통한 구원을 가르친다고 의심했습니다. 하지만 웨슬리는 풍성한 하나님의 중생케 하시는 은혜를 통해 내적·외적 삶이 변하는 이들이 진정한 그리스도인이라고 강조했습니다. 그리고 하나님의 보편적인 사랑과 모든 사람을 모든 죄에서 구하시려는 하나님의 의지에 대해 반복해서 설교했습니다. 또한, 스위스 출신 존 플렛처(John Fletcher, 1729-1785)가 『옹호』와 『율법무용론 경계』 책을 시리즈로 출판하여 칼뱅주의 메소디스트들에 대항했습니다. 웨슬리는 플렛처의 능력과 인품에 매료되어 1773년 그를 자신의 후계자로 지명했지만, 안타깝게도 웨슬리보다 6년 먼저 세상을 떠나고 말았습니다. 그리고 칼뱅주의와의 논쟁은 1770년대 말에 이르러서야 종식되었습니다. 하지만 남겨진 상처는 크고 깊었습니다.

웨슬리는 말년에도 종의 믿음과 자녀의 믿음을 구분하고, 성서적 기독교를 신생과 동일시했습니다. 빈민들에 대한 관심과 지원을 지속하면서, 부의 축적이 신앙에 해롭다고 경고했습니다. 동시에, 부유한 친구들에게 간청하여 빈민들을 위해 많은 돈을 기부하게 했고, 주류, 세금, 사치를 가난의 주된 원인으로 지목했습니다. 또한, 세상을 떠나기 직전 하원 의원인 윌리엄 윌버포스(William Wilberforce, 1759-1833)에게 편지하여 노예제 폐지를 위한 개혁 운동을 지속하라고 독려했습니다.

선행을 하다가 낙심하지 마십시오. 하나님의 이름으로 그리고 그분의 능력으로 (해 아래 있는 것들 중 가장 비열한) 미국의 노예

제조차 없어질 때까지 계속하십시오.

한편, 웨슬리와 아내 메리의 관계는 비극으로 막을 내리고 말았습니다. 1774년, 메리가 웨슬리의 곁을 떠났습니다. 두 사람은 서로가 부당한 대접을 받았다며 서로를 원망했습니다. 1781년에 메리가 사망했을 때, 웨슬리는 그 사실조차 알지 못했고 장례식에도 참석하지 않았습니다. 1780년대 말부터 웨슬리의 건강도 급격히 약화하였습니다. 1790년부터는 눈이 어두워지고 손이 심하게 떨리기 시작했습니다. 행동이 약하고 느려졌습니다. 1791년 2월 말 레더헤드(Leatherhead)에서 마지막 설교를 한 후 열병으로 고생하기 시작했습니다. 3월 1일부터 상태가 악화하여 위독해졌습니다. 마침내 3월 2일, "안녕"이라는 말을 남기고 오전 10시경 숨을 거두었습니다. 그는 일생 250,000마일 이상을 여행했고, 4만 번 이상 설교했으며, 200권 이상의 책을 썼습니다. 그가 눈을 감았을 때, 영국에만 약 3백 명의 설교자, 7만 명 이상의 회원이 있었습니다.

생각 나눔

존 웨슬리는 마르틴 루터와 장 칼뱅의 종교개혁 전통을 창조적으로 계승하면서, 감리교회 → 성결교회 → 오순절교회로 이어지는 거대한 흐름의 원류가 되었습니다. 청교도의 유산을 수용하면서 영국 국교회의 기본 정신에 충실할 뿐 아니라, 고대의 교부들과 당대의 경험주의를 함께 포괄했던 그의 지적 능력과 영적 깊이 때문에 가능했을 것입니다. 따라서 그는 근대 교회사에서 가장 중요한 인물임이 틀림없습니다. 웨슬리 덕분에 기독교인들이 중생의 단계를 넘어 성화(성결)를 신앙의 목표로 설정하기 시작했습니다. 유아세례 이후 교회의 무관심·무책임 속에 '명목상의 그리스도인'으로 방치되었던 신자들이 웨슬리의 도전적 설교와 훈련으로 성결을 열망하게 된 것입니다. 웨슬리 이후, 신경(Credo) 속에 갇혀 있던 '성령님'이 드디어 교회 안에서 강력히 역사하기 시작했습니다. 물론, 성령에 대한 급진적인 해석과 적용에 대해서는 경계의 끈을 놓지 않았지만, 웨슬리는 교회사에서 부당하게 정죄된 몬타누스(Montanus)를 재해석했고, 신자의 삶과 성령의 관계를 새롭게 조명했습니다. 마침내 성령의 시대가 도래한 것입니다.

뿐만 아니라, 웨슬리는 영국 국교회의 고교회 전통에 속한 성직자였으나, 여성 사역자와 평신도 지도자에게 사역의 기회를 제공했습니다. 당대의 편견과 교회의 방해에도 불구하고, 전국을 누비며 때와 장소를 가리지 않고 복음을 전했습니다. 예배와 경건 생활에서 찬송이 미치는 긍정적인 영향을 깨달았기에, 동생 찰스와 함께 찬송가를 보급하고 예배를 혁신적으로 갱신했습니다. 신자들의 영적 성장을 위해 여러 조직과 프로그램을 개발했습니다. 다양하고 창조적인 방식으로 어려운 이웃들을 섬겼습니다. 뿐만 아니라, 영국 사회가 산업 자본주의 초기 단계에 진입하면서 직면했던 정치, 경제, 사회 문제들에 주목하며 비판과 대안을 쏟아 냈습니다. 특히 노예 무역에 대한 그의 입장은 단호하여, 그는 교회 안팎에서 노예 무역 폐지를 위해 적극적으로 발언하고 행동했습니다. 이처럼, 그의 관심사와 사역의 범위는 대단히 넓었습니다. 또한 각 영역에서 이룬 성취도 눈부셨습니다. 따라서 그가 후대에 미친 영향이 왜 그토록 광범위하고 강력했는지, 우리는 충분히 이해할 수 있습니다.

하지만 우리는 웨슬리의 약점과 한계도 기억하고 있습니다. 그는 일평생 진정한 그리스도인이 되길 염원하며 전력을 다했으나, 끝내 자신의 꿈을 이루지 못했습니다. 심지어 구원의 확신 문제로 내적 갈등을 반복했습니다. 성화에 대한 그의 생각도 지속적으로 변했습니다. 같은 주제에 대한 그의 입장도 때와 장소에 따라 달랐습니다. 또한 그는 종종 오만과 독단에 빠져 소중한 친구들을 잃었으며, 때로는 우유부단하여 불필요한 오해와 갈등을 자초했습니다. 그의 결혼 생활은 끝까지 불행했고, 그의 조직은 갈등과 분열의 고리에서 좀처럼 벗어나지 못했습니다. 그 외에도, 웨슬리는 오랫동안 국교회 내에서 갈등의 중심에 서 있었습니다. 미국 독립에 대한 그의 비판적 입장은 지금까지 논쟁거리입니다. 이처럼, 인간 웨슬리의 약점은 너무나 다양하고 분명했습니다. 그도 지극히 평범한 인간이요 연약한 죄인이었던 것입니다.

그럼에도 웨슬리는 21세기 한국 교회가 주목하고 배워야 할 신앙의 거인입니다. 먼저, 그가 추구했던 **성결의 복음과 전도자의 삶**은 변함없는 신앙의 목표요 신자의 모델입니다. 여전히 명목상의 그리스도인, 종의 믿음에 머물고 있는 신자들이 우리 안에 가득하기 때문입니다. 세속화의 광풍 앞에서 교회는 속수무책이고, 신자들은 너무 나약하기 때문입니다. 둘째, 그가 18세기 영국 국교회 안에서 **여성들에게 발언의 기회를 제공하고, 일반 신도들에게 지도력을 부여한 것**은 시대를 초월하여 큰 울림을 전합니다. 21세기에도 교권 구조와 성직자 중심주의는 견고하여, 교회 안에서 여성과 일반 신도를 위한 자리는 여전히 주변과 보조석에 한정되기 때문입니다. 끝으로 **이웃 사랑과 사회 개혁에 대한 웨슬리의 열정**은 언제 들어도 감동입니다. 지금도 교회와 세상의 간격이 매우 깊고 넓으며, 이 땅에서 복음의 능력은 대단히 미약하기 때문입니다. 교인들의 수가 상당하고 교회의 부가 대단하며 교계의 정치적 영향력이 막강하지만, 정작 세상 사람들은 이 나라를 "헬조선"이라 부르고, 기독교를 "개독교"라 조롱하기 때문입니다. 그래서 우리는 다시 한번 존 웨슬리의 메시지에 귀를 기울이고, 열정과 헌신으로 가득했던 그의 삶에 주목할 필요가 있습니다. 웨슬리의 시간은 아직도 멈추지 않은 것 같습니다.

묵상과 토론을 위한 질문

1. 웨슬리는 불신자들에게 복음을 전하고 명목상의 신앙에 머물고 있는 영국 교회를 깨우기 위해, 영국 전역과 북아메리카까지 복음을 전했습니다. 그런 과정에서, '중생'과 '성화'는 자연스럽게 그의 주된 메시지가 되었습니다. 그 이유가 무엇이었을까요? 이런 웨슬리의 메시지와 사역이 당신에게 어떤 교훈과 도전을 줍니까?

2. 웨슬리는 자신의 사역으로 모인 사람들을 좀 더 성숙한 신앙으로 인도하기 위해 여러 조직과 프로그램을 만들었고, 여성과 일반 성도들에게도 사역할 기회를 제공했습니다. 이런 활동과 생각은 당대의 통념 및 교권과 마찰을 불러왔습니다. 이런 웨슬리의 혁신적인 조치들이 현재 한국 교회에게 어떤 도전과 통찰을 제공할 수 있을까요?

3. 웨슬리는 성화에 대한 자신의 생각을 전하고 실천함으로써 칼뱅주의 진영의 친구들, 모라비안들, 영국 국교회 성직자들과 차례로 결별했습니다. 이것은 인간 웨슬리의 한계와 약점으로 보일 수 있지만, 동시에 자신의 신념을 지키고 전하려는 신앙적인 책임과 결단의 표현일 수도 있습니다. 그렇다면, 교리와 제도를 둘러싼 갈등과 분열에 대해서 우리는 어떻게 이해하고 반응해야 할까요?

Chapter 11

에이미 샘플 맥퍼슨
상처 입은 치유자

(Aimee Semple McPherson, 1890-1944)

종교개혁자 마르틴 루터는 그리스도인을 "**의인이자 죄인**
(*simul justus et peccator*)"으로 규정했습니다. 인간의 본질은 여전
히 부패한 상태이므로 죄인입니다. 하지만 주님의 은혜로 의
롭다고 칭해졌으니 또한 의인입니다. 한편, 오스카 쿨만(Oscar
Cullmann, 1902-99)은 구속사를 '이미'와 '아직'의 긴장으로 이해
했습니다. 이처럼, 인간의 실존과 역사를 변증법적 긴장 속에
이해하고 살아가는 것이 이 땅에서 하늘을 우러르며 현재와 미
래를 동시에 사는 그리스도인의 운명인지 모르겠습니다. 이제,
여기에 한 여인을 소개합니다. 에이미 샘플 맥퍼슨(Aimee Semple
McPherson). 가장 연약한 죄인이자 또한 가장 거룩했던 사람, 불
안한 사생활과 경이로운 공적 사역 사이에서 늘 흔들렸던 여인,
병들고 연약한 몸으로 성령에 휩싸여 불꽃처럼 살다 간 상처 입

은 치유자, 지금도 많은 미국인들이 "에이미 '누나'('Sister' Aimee)"라고 기억하는 전도자입니다.

신유 사역자로 부름받다

에이미는 1890년 10월 9일, 캐나다 온타리오 주 잉거졸(Ingersoll)에서 제임스 케네디(James Kennedy)와 밀드레드(Mildred, Minnie) 케네디 사이에서 태어났습니다. 아버지 제임스는 동네 감리교회에 출석했고, 어머니 밀드레드는 열성적인 구세군 신자였습니다. 매우 우수한 학생이었던 에이미는 고등학교 시절 신앙의 위기를 맞았습니다. 그러던 1907년, 오순절 전도자 로버트 샘플(Robert Semple)이 설교한 부흥회에 참석하여 성령을 체험하고 그 위기에서 벗어났습니다. 이후, 에이미와 로버트는 사랑에 빠져 1908년 8월 결혼했습니다. 결혼 직후, 이 신혼부부는 시카고로 이주하여 윌리엄 하워드 더럼(William Howard Durham, 1873-1912)이 이끌던 노스애비뉴선교회(North Avenue Mission)에 합류하여 전도자로 사역했습니다. 두 사람은 1910년 이곳에서 안수받고 중국 선교사로 파송되었습니다.

하지만 중국에 도착한 지 몇 개월도 지나지 않아, 로버트가 말라리아에 감염되어 세상을 떠나고 말았습니다. 복중에 첫째

딸 로베르타(Roberta)를 임신하고 있던 에이미는 사랑하는 남편을 잃고 이국땅에 홀로 남겨지는 기막힌 상황에 처했습니다. 6주 후에야 어린 딸과 함께 미국으로 돌아갈 뱃삯을 겨우 마련할 수 있었습니다. 에이미는 중국에서 귀국한 후, 뉴욕에서 어머니와 새로 태어난 딸과 함께 살았습니다. 이 시기에 그녀는 극도의 좌절감과 외로움, 무기력증과 우울증으로 고통스러운 나날을 보내야 했습니다. 그러던 중, 중산층 사업가였던 헤롤드 맥퍼슨(Harold McPherson)을 만나 재혼하고 두 번째 아이 롤프(Rolf)를 낳았지요. 경제적 위기에서 벗어난 그녀는 평범한 주부로서의 삶을 시작했습니다. 하지만 그녀의 몸과 마음은 계속 고통 속에 머물렀습니다. 1년 동안 두 차례나 큰 수술을 받을 정도로 말입니다.

사실, 그녀의 육체적·정신적 고통은 영적 위기와 밀접한 관계가 있었습니다. 에이미는 로버트와 함께 헌신했을 때 들었던 하나님의 명백한 소명과 현재의 평범한 일상 사이에서 심각한 내적 갈등을 겪고 있었던 것입니다. 결혼 직후 자신을 하나님께 드렸을 때, 그녀는 자신의 귀로 직접 예레미야 1장 4-9절의 말씀을 들었습니다. 중국으로 향하던 선상에서는 하나님께서 "그녀가 설교하도록 선택했고, 기독교를 감싸고 있던 자유주의적 경향과 싸우도록 기름 부으셨다."라는 환상도 보았습니다. 뿐만 아니라, 그녀가 뉴욕으로 돌아와서 헤롤드와 재혼한 후에도,

그녀의 종교적 사명을 일깨우는 환상과 환청이 그녀를 떠나지 않았습니다. 하지만 그녀는 이미 선교지에서 남편을 잃고 비참한 상태로 귀국했으며, 새로 시작한 평범하고 안정된 결혼생활을 포기하고 싶지 않았습니다. 그래서 그런 성령의 도전에 쉽게 순종할 수 없었던 것입니다. 결국, 이런 내적 갈등이 그녀의 건강에 치명적인 영향을 끼쳤습니다. 하지만 "네가 이제는 가려느냐?"라는 커다란 목소리에 그녀가 마침내 순종했을 때, 이런 육체적 질병과 영적 갈등이 즉각 해결되었습니다.

1915년 봄, 에이미는 두 자녀를 데리고 헤롤드 곁을 떠나 토론토로 갔습니다. 참석했던 오순절 천막 집회에서 하나님의 강력한 임재의 역사를 체험한 후, 자신이 직접 집회를 열기 시작했습니다. 그녀의 극적인 삶과 여성 설교자라는 사실. 그리고 사람들을 동원하는 특별한 재능이 결합하여, 곧 수많은 사람이 그녀의 집회에 참석하기 시작했습니다. 1917년부터 1923년까지 가족과 함께 자신의 "복음 차(Gospel Car)"를 타고 100개 이상의 도시를 방문하며 집회를 열었습니다. 처음에는 캐나다, 뉴욕, 플로리다 등 미국 동부에서 집회를 인도했으나, 후에는 서부로 방향을 돌렸습니다. 그런데 첫 집회에서 한 여인이 심한 관절염에서 치유되었습니다. 이전까지 에이미는 치유 사역자가 될 생각을 해본 적이 없었습니다. 하지만 그녀가 복음을 전하면 치유도 함께 일어났고, 그런 소문이 퍼지면서 점점 더 많은 사람이 그녀의 집회로 몰려들었습니다. 예를 들어, 1921년 1월, 캘리포니아주 샌디에이고에서 열린 그녀의 집회에서, 목발, 부목, 휠체어 등이 산더미같이 쌓였습니다. 1월 말에는 몰려든 군중들의 수가 너무 많아 체육관이나 예배당에서 수용할 수 없게 되었습니다. 결국, 그 도시 중앙에 있는 발보아공원(Balboa Park)에서 집회를 열어야 했지요.

에이미의 신유 집회에서 치유를 경험한 사람들의 간증을 분석해 보면, 몇 가지 주목할 만한 특징들이 발견됩니다. 먼저, 그녀가 병자들의 치료를 위해 기도할 때, 각 사람의 이마에 올리브기름을 발랐고, 가능하면 자신의 손을 환자의 환부에 직접 대고 기도해 주었습니다. 물론, 그녀를 통해 병이 점진적으로 치유되거나 치료 후에 다시 재발한 경우도 적지 않았지만, 그 자리에서 '즉각적으로' 치유된 경우도 매우 많았습니다. 그녀의 치유는 성령세례로 이어졌습니다. 에이미의 기도를 통해 환자들이 치유받은 직후, 성령세례를 받고 방언을 말했다는 간증들이 반복해서 나타난 것입니다. 끝으로, 그녀의 신유 사역을 통해 치유받은 질병들의 종류는 매우 다양했습니다. 류머티즘, 암, 골절, 인플루엔자, 습진, 종양, 결핵, 위장병, 탈장, 심장병, 시각 장애, 척추 장애, 청각 장애, 발작적 신경 장애, 폐 질환, 천식, 디프테리아, 그리고 다양한 종류의 합병증 등이 치료되었다고 전해집니다.

1918년 말, 마침내 그녀가 가족들과 함께 캘리포니아의 로스 앤젤레스에 도착했습니다. 하지만 이곳에 도착하기 전, 이미 그녀의 명성은 캘리포니아 전역에 널리 퍼져 있었습니다. 1906년 '아주사 부흥'이 일어났던 역사적인 도시에서 부흥의 열기가 사라진 지 이미 오래였습니다. 하지만 에이미의 도착과 함께 이 도시에 다시 한번 성령의 불길이 타오르기 시작했습니다. 그러면서 안정적인 집회 공간이 절실히 필요해졌습니다. 에이미는 1919년부터 1923년까지 전국을 9차례나 일주하며 건축 기금을 모았습니다. 그리고 1922년 말, 5천석 규모의 '천사 성전(Angelus Temple)'이 완공되었습니다. 이 성전에서 매주 네 차례 예배가 있었지만, 모든 예배에는 빈자리가 없었습니다. 특히, 주일 저녁에 행하는 예화 설교와 매주 두 차례 열린 신유 집회는 이 교회를 전국적으로 더욱 유명하게 만들었습니다. 그리고 1923년, '천사 성전 전도 및 선교 훈련원'(Angelus Temple Evangelistic and Missionary Training Institute, 현 LIFE Pacific University)을 개원하여 자신과 함께 사역할 사람들을 양성하기 시작했습니다.

불행한 사생활과 탁월한 공적 사역 사이에서

모든 인간의 삶에는 빛과 그림자가 공존합니다. 그녀가 승승장

구하면서, 그녀의 사적·공적 생활이 파파라치들과 언론에 의해 세상에 상세히 공개되었습니다. 때로는 정당한, 때로는 부당한 오해와 비판이 끊이지 않았습니다. 특히, 할리우드 스타일로 변한 그녀의 외모, 복잡한 이성 관계, KKK단과의 연루설, 그리고 호화로운 가정생활 등이 호사가(好事家)들의 입에 쉬지 않고 오르내렸습니다. 그런 상태에서 최악의 사건이 터졌습니다. 1926년 4월 24일, 그녀가 바다에서 수영하다 익사했다는 소식이 전해졌습니다. 수많은 잠수부들의 수색에도 불구하고 끝내 그녀의 시신을 찾지 못했습니다. 결국, 애도 속에 장례식을 치렀습니다. 그런데 이게 어찌 된 일일까요? 그녀가 실종된 지 두 달 만(6월 23일)에 살아 돌아온 것입니다. 그녀는 자신이 멕시코 국경에서 괴한들에게 납치되었다가 겨우 탈출했다고 주장했습니다. 하지만 그녀가 연인과 밀월여행을 다녀왔다는 소문이 파다했습니다.

뿐만 아니라, 에이미의 불안정한 사생활도 늘 구설수에 올랐습니다. 그녀는 이미 두 번의 결혼을 하면서, 한 번은 사별했고 한 번은 이혼했습니다. 그런데 주변 사람들의 우려와 비난에도 불구하고, 1931년 데이비드 허튼(David Hutton)과 세 번째 결혼하고 1년 만에 헤어진 것입니다. 게다가, 일평생 자신을 헌신적으로 도왔던 어머니 미니(Minnie)와도 갈등과 충돌을 반복하다 결국 결별했으며, 자신의 후계자로 지명했던 장녀 로베르타

(Roberta)와도 교회 재정 문제로 다투다가 끝내 서로에게 등을 돌리고 말았습니다. 세상에서 가장 사랑하는 사람들과 끊임없이 다투고 헤어지면서 그녀는 세상의 비난과 함께 극심한 외로움으로 고통받았습니다.

그럼에도 그녀는 사역을 멈추지 않았습니다. 그녀의 명성과 영향력이 증가하면서, 에이미는 자신과 관련된 교회들을 1927년 국제복음교회(International Church of Foursquare Gospel)로 통합했습니다. 순식간에 천 명 이상의 목사들이 이 교단에 가입했습니다. 그녀는 오랫동안 교단 설립에 대해 부정적인 입장을 고수했지만, 동료들과 관련 교회들의 현실적인 필요에 따라 교단을 조직해야 했습니다. 동시에, 대공황과 전쟁으로 위기에 처한 미국 사회를 위해, 에이미는 다양한 구호 활동을 시도했고, 사회의 다양한 쟁점에 대해서도 자기 입장을 소신 있게 천명했습니다.

예를 들어, 에이미는 1927년 '천사 성전 보급소(Angelus Temple Commissary)'의 문을 열었습니다. 이 보급소를 통해, 인종, 종교, 법적 신분과 상관없이 헐벗고 굶주린 사람들에게 음식과 의복을 제공했으며, 일자리를 찾는 자들에게는 직장을 알선했습니다. 또한, 인종의 장벽을 허물기 위해 노력했습니다. 자신의 집회에서 백인뿐 아니라, 흑인, 아메리카 원주민, 중국인, 동유럽 이민자도 자유롭게 참석하도록 배려한 것입니다. 한편, 대공황이 시작되자 로스앤젤레스 정부가 멕시코 노동자들을 추방하라고 압력을 가했습니다. 하지만 천사 성전 보급소는 이에 불응하고 도움을 청하는 모든 이들에게 옷과 음식을 계속 제공했습니다. 동시에 여성들의 사역과 활동도 지지했습니다. '천사 성전 보급소'와 '천사 성전 전도 및 선교 훈련원'을 통해, 여성들에게 사회 활동과 목회에 동참할 기회를 제공한 것입니다.

한편, 에이미는 진화론을 미국의 가장 큰 위협으로 간주하고, 미국을 그 위협에서 구하기 위해 자신의 모든 자원과 역량을 총동원했습니다. 근본적으로 그녀는 진화론과 무신론이 필연적으로 잔인하고 비인간적인 적자생존을 옹호하게 만든다고 생각했기에, 설교를 통해 집요하게 진화론을 공격했습니다. 그리고 "세상을 내려놓고, 옛날의 근본 신앙들로 돌아가라!"라고 강력히 호소했습니다. 또한, 에이미는 공산주의를 미국을 위협하는 가장 무서운 적으로 정죄했습니다. 공산주의를 무신론으로 이해했기 때문에, 공산주의의 확장이 곧 기독교 미국의 붕괴라고 확신한 것입니다. 그래서 노동자들의 어려움을 깊이 공감하면서도, 공황기에 발생한 노동 운동이 폭력적 양상을 보이자, 이것을 노동 운동 안에 공산주의가 침투한 증거로 간주하고 비판했습니다. 이로써 오해와 갈등이 초래되었지만, 에이미는 자신의 소신을 굽히지 않았습니다.

에이미 '누나'가 마침내 쓰러지다

그녀의 말년은 대체로 조용하고 평온했습니다. 하지만 이때에도 그녀는 사역에서 완전히 벗어날 수 없었습니다. 미래 목회자들을 양성했고, 수백 개의 교회를 개척했으며, 많은 선교사들을 해외에 파송했습니다. 뿐만 아니라, 미국이 제2차 세계 대전에 참전한 후에는 LA에서 관악대를 조직하여 퍼레이드를 벌이고 정부 어음을 팔았습니다. 그리고 자신의 교회에서 금요기도회를 인도하며, 미국의 승리를 위해 기도했습니다.

하지만 1944년부터 건강이 급격히 악화하기 시작했습니다. 불면증에 시달리면서 수면제 복용도 늘었습니다. 9월 25일, 오클랜드의 한 교회 헌당식에 참석하여 설교하기 위해 아들 롤프와 함께 오클랜드에 도착했습니다. 첫날 일정을 마치고 호텔로 돌아왔습니다. 다음날 집회에서 "내 삶의 이야기"라는 제목으로 설교하기로 예정되어 있었기에, 절대적으로 숙면이 필요했습니다. 하지만 정전이 된 호텔 방에서 그녀는 너무나 많은 양의 수면제를 먹고 말았습니다. 다음 날 새벽, 심장과 호흡에 문제가 발생했습니다. 오전에 롤프가 그녀의 방문을 열었을 때, 그녀는 의식을 잃은 상태였습니다. 속히 병원으로 옮겼지만 너무 늦었습니다. 1944년 9월 27일 오전 11시 30분, 에이미 '누나'의 숨이 멎었습니다. 에이미에 대해 연구했던 로버츠 리어든

(Roberts Liardon)은 그녀의 사역을 다음과 같이 정리했습니다.

그녀는 일생 175곡의 노래와 찬송곡을 작곡했고, 여러 편의 오
페라를 작곡하였으며, 열세 편의 연극식 오라토리오를 만들었
다. 그녀는 수천 번 설교했으며, 그녀의 라이프(L.I.F.E) 성경학교
를 통해 무려 팔천 명의 사역자가 배출되었다. 그리고 미국 경
제 대공황 동안 약 50만 명의 사람들이 그녀의 사역을 통해 실
질적인 도움을 받았다.

생각 나눔

이 땅에서 교회의 역사는 성령의 오순절 강림과 함께 본격적으
로 시작되었습니다. 성령께서 주시는 권능에 힘입어, 전도자들
이 땅끝까지 복음을 전했습니다. 사도행전은 성령과 사도들이
하나 되어 써 내려간 초대 교회의 거룩한 기록입니다. 동시에
교부들은 이런 명백한 체험과 구체적인 기록을 토대로, 삼위일
체 교리를 정립했습니다. 인간의 이성으로 완전히 이해할 수 없
고, 더욱이 언어와 논리로 명료하게 서술할 수 없지만, 그렇게
성령은 교회 안에서 기독교 선교의 동력, 영성의 핵심, 교리의
요체로서 이해되고 경배와 찬양의 대상이 되었습니다. 그럼에

도 오랫동안 성령은 정녕 "멀리 계신 하나님, 숨은 하나님"(*Deus Absconditus*)이셨습니다. 물론, 그분의 존재가 완전히 잊힌 적은 없고, 그분의 역사가 중단된 적은 없지요. 하지만 기이할 정도로 교회는 성령에 무관심했습니다. 적어도 20세기에 성령께서 오순절 운동과 함께 다시 한번 세상을 뒤흔들기 전까지는 말입니다. 에이미 샘플 맥퍼슨은 이 특별한 성령 운동의 확산과 정착에 크게 기여했던 예외적 인물입니다.

성령은 맥퍼슨의 사역, 즉 방언으로 기도하는 예배 현장, 병자들이 치유되는 집회, 무엇보다 복음을 전하는 선교지에 가시적이고 역동적으로 임하셨습니다. 그동안 형식적인 예배, 추상적인 교리, 관념적인 신앙에 머물면서 생기와 동력을 상실했던 신자들이 성령의 임재와 역사를 체험하면서 다시 한번 교회 안에 '부흥'과 '각성'이 일어났습니다. 성령은 세상이 온갖 이유로 설치했던 인종과 계급의 장벽을 허무셨고, 배제와 차별의 귀신을 쫓아내셨습니다. 성령 충만한 여성들이 교회와 사회에서 진가를 발휘하기 시작했습니다. 대공황기 동안 국가마저 외면했던 사람들을 성령의 교회가 먹이고 입혔습니다. 물과 기름처럼 분리되었던 백인과 흑인, 남성과 여성, 북부인과 남부인, 감리교인과 침례교인, 원주민과 이주민이 성령 안에서 함께 예배하고 동역하며 하나가 되었습니다. 사도행전의 교회가 20세기 미국과 세계 도처에서 재현된 것입니다.

하지만 맥퍼슨도 연약한 인간의 한계를 완전히 극복하지는 못했습니다. 성령의 역사가 그토록 강력했음에도 불구하고 말입니다. 가족들과의 지속된 갈등은 그의 가장 큰 고통이요 한계였습니다. 수차례 반복된 스캔들은 주변 사람들을 실망시켰고, 유명한 '납치 사건'은 지금까지 세상의 가십거리로 남아 있습니다. 뿐만 아니라, 재정 문제에 대한 의견 충돌로 동역자들이 떠났으며, 노동 문제와 진화론에 대한 그녀의 입장은 수많은 반대자들을 양산했습니다. 강력한 설교와 초자연적 기적, 뛰어난 리더십과 탁월한 목회로 대형 교회를 세우고 세계적인 명성을 얻었지만, 화려한 무대 뒤에서 육신의 자랑과 안목의 정욕을 극복하지 못했기 때문입니다. 그래서 실수한 당사자뿐 아니라 교회 전체가 세상의 조롱거리가 되었고, 성령 운동 자체에 대한 회의와 환멸이 교회 안팎에서 급증했습니다. 성령을 통해 육체적 질병은 치유되었지만, 마음의 병은 온전히 회복되지 않았던 것 같습니다. 다른 이들의 문제는 수없이 해결했지만, 정작 자신의 문제는 어찌할 수 없었던 것 같습니다. 우리가 당황하는 이유입니다.

에이미의 삶과 사역을 보며, 오늘의 한국 교회를 생각해 봅니다. 성령의 부재 속에 교회가 힘없이 무너지는 모습을 지켜보는 것은 고통입니다. 성령의 권능 없이 형식과 사변에 치우친 성도의 모습은 서글프고 안타깝습니다. 과거의 찬란했던 시절을 그리워하며 초라하게 늙어 갈 한국 교회를 생각할 때, 복받쳐 오르는 슬픔을 견딜 수 없습니다. 우리가 살펴본 에이미 '누나'의 삶은 결코 찬양하고 흠모할 대상이 아닙니다. 어떤 지우개로도 지울 수 없는 오점과 실수들이 너무 많기 때문입니다. 그럼에도 **그렇게 연약한 여인이 성령에 붙들려 병든 개인, 교회, 그리고 세상을 치유했습니다.** 헨리 나우웬(Henri J. M. Nouwen, 1932-1996)의 통찰처럼, 개인의 상처를 환대와 집중으로 극복했으며 사역자에게 요청되는 신비와 혁명을 함께 추구한 것입니다. 부디 이 암담한 시절에 "상처 입은 치유자들(the Wounded Healers)"의 출현을 앙망합니다. 그렇게 연약한 여인마저 선택하여 사용하신 성령의 은혜를 앙망하면서 말입니다. 정말, 겨자씨만 한 믿음과 성령의 강림이 절대적으로 필요한 마지막 때입니다.

묵상과 토론을 위한 질문

1. 에이미는 여성과 오순절 운동이 차별과 냉대의 대상이던 시절에 경이적인 역량으로 양자 모두를 교회사의 무대 중앙으로 진출시켰습니다. 당신은 에이미의 생애와 사역 중 우리가 가장 주목해야 할 것은 무엇이라고 생각합니까?

2. 에이미는 놀라운 신유 사역과 설교 능력, 교회 건축과 교단 설립 등 수많은 업적을 남겼습니다. 하지만 여러 차례 이혼과 지속적인 가족 간의 불화, 외모에 대한 관심과 치장, 그리고 악명 높은 납치 사건 등으로 끊임없이 구설수와 비판의 대상이 되기도 했습니다. 이처럼, 인간적인 한계와 사역의 가시적 성과(成果) 사이의 부조화를 당신은 어떻게 이해·평가합니까?

3. 에이미는 오순절식 복음 전도와 치유 사역뿐 아니라, 대공황기에 난민과 빈민을 구제하고 여성들에게 사역 기회를 제공했습니다. 뿐만 아니라, 사회주의와 진화론 같은 당대의 뜨거운 쟁점들에 대해서도 적극적인 관심을 보였습니다. 당신은 에이미의 이런 모습이 성령, 교리, 계급, 이념에 대한 극단적인 분열 속에서 길을 잃은 한국 교회에게 어떤 긍정적인 혹은 부정적인 교훈을 준다고 생각합니까?

Chapter 12

마틴 루터 킹 2세

정의와 평화를 위해 행진한 사람

(Martin Luther King, Jr., 1929-1968)

이 세상에는 다양한 기준에 따라 주류와 비주류, 정통과 이단, 강자와 약자, 다수와 소수가 존재합니다. 주류, 정통, 강자, 다수는 철학과 신학, 법과 과학의 이름으로 이런 현실을 정당화합니다. 하지만 그들에 의해 진리, 법칙, 자연으로 규정된 질서와 체제가 비주류, 이단, 약자, 소수에게는 단지 **억압, 배제, 혐오, 차별의 현실**일 뿐입니다.

그렇다면 기독교는 이런 현실을 어떻게 이해하고 반응해 왔을까요? 매우 곤혹스러운 질문입니다. 이 질문에 대한 통일된 답이 존재하지 않기 때문입니다. 기독교마저 그런 범주와 영향에서 자유롭지 못했기 때문입니다. 그럼에도 이 질문과 관련하여 반드시 기억해야 할 인물이 있습니다. 이 난해한 질문에 대한 가장 강력한 답을 말과 삶으로 제시한 사람, 마틴 루터 킹

2세 말입니다.

미국 남부에서 흑인으로 산다는 것

1619년, 북미 최초의 흑인 노예가 버지니아(Virginia)에 도착했습니다. 18세기 영국 산업 혁명의 영향으로 면방직업이 급성장하면서, 미국 남부에서 목화 농장도 번성하기 시작했습니다. 영국이 주도한 서아프리카 노예 무역과 연계되어 미국 남부에서 흑인 노예들의 수도 급증했습니다. 비록 1808년에 노예 수입이 법으로 금지되었지만, 미국에서 흑인들의 상황은 개선되지 않았습니다. 결국, 이 문제에 대한 남부와 북부의 극심한 인식 차이로 남북 전쟁(1861-1865)이 발발했고, '노예 해방 선언'(1863)과 북부의 승리(1865)로 미국에서 노예제가 법적으로 사라졌습니다.

하지만 연방 정부의 남부 재건 사업(1865-1877)은 실패했습니다. 남부는 KKK 같은 극단적인 폭력 집단이 영향력을 발휘하면서, 빈곤과 혼란의 소용돌이에 휘말렸습니다. 이후 남부에서는 북부에 대한 반감과 흑인 혐오가 한층 심화하였는데, 특히 1870년대부터 남부의 인종 차별을 상징하는 "짐 크로우 법"이

맹위를 떨치기 시작했습니다.[5] 백인과 흑인의 접촉을 막기 위한 인종 차별 원칙이 학교, 공원, 묘지, 식당, 극장 등으로 확대되었습니다. 비록 법적으로 노예 제도는 사라졌지만, 차별과 편견은 현실 속에 그대로 남았던 것입니다. 흑인들은 뿌리 깊은 억압과 수모를 감내해야 했지요. 이것이 바로 마틴 루터 킹 2세가 남부에서 흑인으로 태어나서 직면한 세상이었습니다.

미국 남부에서 흑인 목사의 아들로 성장하다

킹은 1929년 1월 15일, 미국 남부의 조지아주 애틀랜타에서 마이클 킹(Michael King)과 알바타 킹(Alberta King)의 세 자녀 중 둘째로 태어났습니다. 본래 이름은 마이클 루터 킹 2세(Michael Luther King Jr.)였습니다. 그런데 1934년, 그의 아버지가 종교개혁자 마르틴 루터와 관련된 독일 베를린을 방문하고 돌아온 후, 자신과 아들의 이름을 '마이클'에서 '마틴'으로 바꾸었습니다. 당시에 킹의 아버지는 조지아주 애틀랜타에서 에벤에셀 침례교회(the Ebenezer Baptist Church)의 담임 목사였습니다. 본래, 이 교회는 킹의 외할아버지가 1894년부터 1931년까지 목회했던 곳입니다.

---

5 짐 크로우 법은 남북 전쟁 이후 남부의 11개 주에서 공공장소에서 흑백 분리를 강제한 법이다. 짐 크로우는 당시 흑인들을 비하하는 캐릭터로서 아둔한 흑인의 표상이었다.

외할아버지가 세상을 떠나자, 아버지가 뒤를 이어 목회하게 된 것이지요. 그의 목회 기간 동안 교인 수가 6백 명에서 수천 명으로 급증했습니다.

목회자 가정에서 태어났기에, 킹은 어려서부터 교회 생활과 성경에 익숙했습니다. 하지만 사춘기에 접어들면서 아버지 교회의 문자적 가르침, 예수의 육체 부활, 회중들의 감정 표현과 몸짓에 이질감을 느꼈습니다. 한편, 그는 어려서부터 독서를 좋아하여 사전을 탐독했고, 자연스럽게 어휘력이 풍부해졌습니다. 역사와 영어도 매우 좋아했지요. 고등학교 때는 토론 팀에서 활동하면서 대중 연설에 뛰어난 재능을 보이기도 했고, 다른 청소년들처럼 옷, 춤, 데이트에도 관심이 많았습니다.

킹은 6살 때부터 흑인과 백인이 분리된 학교에 다니기 시작했습니다. 그때 동네 친구로 함께 놀던 아이의 부모가 킹에게 "우리는 백인이고 너는 흑인이란다."라고 말하며, 더 이상 자기 아들과 놀지 못하게 했습니다. 어린 킹이 몸소 인종 차별을 경험한 순간이었습니다. 한번은 아버지와 함께 애틀랜타 시내의 신발 가게에 간 적이 있었습니다. 점원이 그들에게 뒷자리에 앉으라고 요구하자, 아버지가 강력히 항의했습니다.

"내가 얼마나 오랫동안 이런 체제에서 살아야 하는지 모르지만, 나는 결코 용납하지 않을 겁니다."

1944년 어느 날, 지역 웅변대회에서 우승하고 돌아오는 길에 킹이 버스를 탔습니다. 운전기사가 킹을 "깜둥이 개새끼"라고 부르며 백인 승객이 앉도록 자리에서 일어나라고 명령했습니다. 킹은 평생 그날의 수모를 잊지 못했습니다.

1944년, 킹은 흑인 명문 대학인 모어하우스대학(Morehouse College)에 입학했습니다. 그리고 그해 여름 방학에 친구들과 학비를 벌기 위해 코네티컷주 심스버리(Simsbury)의 한 담배 농장으로 일하러 갔습니다. 이 여행은 그가 인종 분리 정책이 실행되지 않는 지역을 최초로 방문한 것입니다. 그때 아버지께 보낸 편지에 킹은 이렇게 썼습니다.

여기까지 오면서 제가 예상했던 어떤 일도 겪지 않았습니다. 우리가 워싱턴을 지난 후에는 어떤 차별도 없었습니다. 이곳의 백인들은 매우 친절합니다. 우리가 원하면 어디든지 갈 수 있고, 어디에나 앉을 수 있습니다.

그야말로 신세계의 발견이었습니다.

1947년 여름, 킹은 장차 목회자가 되기로 결심했습니다. 모어하우스에서 공부하는 동안, 총장이자 침례교 목사인 벤자민 메이스(Benjamin Mays)의 멘토링을 받았습니다. 그의 영향하에, "인류를 섬기라는 내적 충동에 응답하는 최고의 길을 교회가 제공한다."라는 결론에 도달한 것입니다. 대학 졸업 후, 킹은 3년간 펜실베이니아주 업랜드(Upland)에 소재한 크로저신학교(Crozer Theological Seminary)에서 신학을 공부했습니다. 재학 중, 학교 근처의 갈보리침례교회에서 봉사하며 뛰어난 설교자로 인정을 받았습니다. 동시에 한 독일계 백인 여성과 사랑에 빠졌지만, 가족과 주변 사람들의 극심한 반대로 헤어져야 했습니다. 1951년, 크로저신학교를 졸업하고 보스턴대학교 대학원에서 조직신학 전공으로 박사 과정을 시작했으며, 1953년에는 코레타 스코트(Coretta Scott, 1927-2006)와 결혼하여 슬하에 2남 2녀를 두었습니다.

흑인 민권 운동의 지도자로 우뚝 서다

킹 목사는 1954년 앨라배마주 몽고메리(Montgomery)의 덱스터 애비뉴침례교회(Dexter Avenue Baptist Church)에 담임 목사로 부임했습니다. 다음 해에는 보스턴대학교에서 박사 학위도 받았습니다. 하지만 논문에서 사용된 많은 자료들이 적절한 각주 없이 사용되었기 때문에, 1991년 한 학술 조사에 의해 그의 논문이 표절 판정을 받았습니다. 다행히 그의 학위는 취소되지 않았지만, 지금까지 논쟁거리로 남아 있습니다. 그의 생애에 남긴 심각한 오점입니다. 한편, 그는 당시에 흑인들의 전국적 단체인 '전미 유색인 지위 향상 협의회(the National Association for the Advancement of Colored People, NACCP)'의 실행위원이었습니다.

1955년 3월, 몽고메리에서 15세 흑인 소녀 클로데트 콜빈(Claudette Colvin, 1939-)이 백인 남성에게 자신의 버스 좌석을 양보하지 않아서 체포된 사건이 발생했습니다. 인종 분리를 강요하는 '짐 크로우 법'을 위반한 것입니다. 9개월 후, 로자 팍스(Rosa Parks, 1913-2005)가 비슷한 행동으로 체포되었습니다. 이 두 사건을 계기로 미국 최초의 위대한 흑인 비폭력 시위인 '몽고메리 버스 승차 거부 운동'이 시작되었습니다. 당시에 킹은 20대였고 목회를 시작한 지 얼마 지나지 않은 상태였습니다. 하지만 이 운동을 이끌어 달라는 주변 사람들의 요청을 수락했습니다. 승차 거부 운동이 385일간 지속되는 동안, 킹은 체포되어 감옥에 있었고 그의 집에는 폭탄이 투하되었습니다. 이 운동은 즉시 전국적 관심의 대상으로 떠올랐습니다. 1956년 12월 21일, 미국 연방지방법원이 몽고메리의 모든 공공버스에서 인종 분리를 금지하는 판결을 내렸습니다. 승차 거부 운동이 승리한 것입니다. 이 운동을 통해, 킹은 민권 운동의 상징적인 인물로 부상했습니다.

1957년, 킹 목사는 다른 시민권 운동가들과 함께 '남부 기독교 지도자 회의(the Southern Christian Leadership Conference, SCLC)'를

창설하여 회장으로 취임했습니다. 킹은 이 조직의 이상을 기독교에서, 작전 기술은 간디(Mohandas Karamchand Gandhi, 1869–1948)에게서 각각 가져왔습니다. 같은 해, 킹은 SCLC가 주최한 "자유를 위한 기도 순례(Prayer Pilgrimage for Freedom)"에서 최초로 전국의 청중을 대상으로 연설을 했습니다. 하지만 이런 활동은 그의 생명을 걸어야 할 만큼 위험했습니다. 1958년 9월 20일, 킹이 할렘의 불룸스테인 백화점에서 그의 책『자유를 향한 걸음』(*Stride toward Freedom*)에 사인하고 있을 때, 한 흑인 여성이 편지 개봉용 칼로 그의 가슴을 찔렀습니다. 다행히 생명은 건졌지만, 수술을 받고 수 주 동안 병원 신세를 져야 했습니다.

위험과 목숨을 무릅쓰고 인권과 평화를 위해

1959년, 킹은 몽고메리 사역을 마치고 SCLC의 요청에 따라 애틀랜타(Atlanta)로 돌아갔습니다. 그 후, 그는 세상을 떠날 때까지 에벤에셀침례교회에서 아버지와 공동으로 목회하면서 시민권 운동이 남부 전역으로 확장되도록 도왔습니다. 예를 들어 1960년 10월 19일, 킹은 애틀랜타 학생 운동의 요청에 따라, 리치스(Rich's) 백화점 연좌 농성에 가담했습니다. 그리고 다시 한 번 학생들과 함께 체포되었습니다. 다른 사람들은 며칠 후 모두

석방되었지만, 킹은 4개월 중노동을 선고받고 형무소에 수감되었습니다. 1961년 11월에는 조지아주 얼바니(Albany)에서 수천 명의 시민들이 비폭력적인 방식으로 진행하던 반-인종 분리 운동에 동참했습니다. 킹은 이번에도 체포되었습니다. 45일간 투옥되거나 178불의 벌금을 납부해야 하는 상황에서 킹은 감옥행을 택했습니다.

1963년 4월, 앨러배마주 버밍햄에서 인종 분리와 경제적 불의에 대항하는 캠페인이 SCLC 주도로 시작되었습니다. 유진 '불' 코너(Eugene Bull Connor)가 지휘하는 버밍햄 경찰들이 강력한 물대포와 경찰견들로 시위대를 무자비하게 진압했습니다. 이 장면이 TV로 전국에 보도되었습니다. 많은 백인들이 큰 충격을 받았고, 흑인들의 연대는 더욱 강화되었습니다. 캠페인 초기에 킹은 체포되어 버밍햄 감옥에 투옥되었고, 거기서 그 유명한 「버밍햄 감옥에서 보낸 편지」(Letter from a Birmingham Jail)를 썼습니다. 그는 이 편지에서 "우리는 고통스러운 체험을 통해, 억압자들은 결코 자발적으로 자유를 부여하지 않으며, 그것은 오직 피억압자들이 요구해야 한다."라고 강력히 주장했습니다.

한편, FBI는 법무부 장관 로버트 F. 케네디(Robert F. Kennedy, 1925-68)의 지령에 따라, 1963년 가을부터 킹 목사의 전화를 도청하기 시작했습니다. 케네디는 SCLC의 공산주의자들이 케네디 행정부의 시민권 계획을 좌초시킬까 봐 걱정했습니다. 그는 킹에게 그들과의 관계를 청산하라고 경고했습니다. 뿐만 아니라, FBI에게 킹과 다른 SCLC 지도자들에 도청할 권한을 정식으로 부여했습니다. 이후 5년 동안, 킹은 정부의 집요한 감시와 공작에 시달려야 했습니다.

이런 상황에서 1963년 8월 28일, '직업과 자유를 위한 워싱턴 대행진(the March on Washington for Jobs and Freedom)'이 개최되었습니다. 6개 주요 시민권 운동 기관들이 연합하여 준비한 행사였습니다. 케네디 대통령도 후원한 이 행진에 250,000명이 넘는 다양한 인종의 사람들이 참여했습니다. 워싱턴 D. C.에서 열린 가장 큰 저항 집회였지만, 일각에선 집회가 너무 온건한 방식으로 진행되었다고 비난했습니다. 이 집회에서, 킹은 "나에겐 꿈이 있습니다(I have a dream)"라는 유명한 연설을 했습니다.

나에겐 꿈이 있습니다. 어느 날 저 아래 앨라배마에서 그곳의 사악한 인종차별주의자들과 입에는 온통 간섭과 무효의 말이 무성한 주지사와 함께, 어느 날 저 아래 앨라배마에서 어린 흑인 소년소녀들이 백인 소년소녀들과 형제자매처럼 서로 손을 잡을 것입니다.

한편, 킹은 미국의 베트남 전쟁을 오랫동안 반대해 왔습니다. 하지만 존슨(Lyndon B. Johnson, 1908-1973) 대통령의 정책을 비판하는 것이 민권 운동에 부정적인 영향을 초래할까 걱정했습니다. 그래서 그 문제에 대한 공적인 언급을 자제했지요. 하지만 1967년부터 침묵을 깨고 공개적으로 반대하기 시작했습니다. 1967년 4월 4일, 킹은 뉴욕시의 리버사이드교회(Riverside Church)에서 "베트남을 넘어: 침묵을 깰 시간"이라는 제목의 연설을 했습니다. 그는 미국 정부를 "오늘날 세계에서 가장 강력한 폭력 공급업자"라고 부르면서, 그 전쟁에서 미국의 역할을 강력히 규탄했습니다. 또한, 베트남 전쟁이 국내에서 사회 복지를 위해 사용되어야 할 돈과 자원을 빼앗아 갔으며, 수백만 명의 무고한 베트남인들, 특히 어린이들을 살해했다고 비난했습니다. 이 연설 때문에, 킹은 많은 백인 지지자들(존슨 대통령, 빌리 그레이엄, 노동조합 지도자들, 막강한 출판업자들 등)을 잃었습니다.

마지막 시간, 1968

1968년, 킹과 SCLC는 '경제 정의' 문제를 다루기 위해 "빈민 캠페인(the Poor People's Campaign)"을 조직했습니다. 킹은 전국을 여행하면서 "빈민들의 다인종 군대"를 모집했습니다. 이들은 미의회가 가난한 미국인들을 위한 '경제적 권리 장전'을 제정할 때까지 미 의회 의사당에서 비폭력적 불복종을 위한 행진을 전개할 예정이었습니다. 하지만 빈민 캠페인은 민권 운동 내부에서 논쟁을 촉발했습니다. 이 운동의 목적이 너무 광범위하고 실현 불가능하며, 오히려 흑인과 빈민의 상황만 악화시킬 것이라는 비판이 제기된 것입니다.

1968년 3월 29일, 킹은 테네시주 멤피스(Memphis)로 갔습니다. 흑인 청소 노동자들이 3월 12일부터 임금 인상과 처우 개선을 위해 파업 중이었기 때문입니다. 4월 3일, 킹은 메이슨 템플 (Mason Temple)에서 열린 집회에서 "나는 산 정상에 올라가 봤습니다"라는 제목으로 연설했습니다.

저는 약속의 땅을 보았습니다. 저는 어쩌면 당신들과 그곳에 가지 못할지도 모릅니다.

자신의 죽음을 예견한 듯한 메시지였습니다. 다음 날 저녁, 그는 멤피스의 로레인 모텔 방 발코니에 서 있었습니다. 그때, 제임스 얼 레이(James Earl Ray)가 킹을 향해 방아쇠를 당겼습니다. 그리고 거인이 쓰러졌습니다. 그의 암살 이후 워싱턴 D. C., 시카고, 볼티모어, 루이빌, 캔자스시티, 그리고 다른 도시들에서 인종 폭동이 꼬리를 물고 이어졌습니다. 존슨 대통령이 사태의 악화를 막으려고 노력했지만, 사태는 쉽게 진정되지 않았습니다. 이런 상황에서, 4월 11일 시민권법이 제정되었습니다. 그의 시신은 처음에 사우스애틀랜타의 사우스뷰 공동묘지에 안장되었지만, 1977년 '국립 마틴 루터 킹 주니어 역사공원'으로 이장되었습니다.

킹은 1957년부터 1968년까지 6백만 마일 이상을 여행했으며 2,500번 이상 연설했습니다. 그리고 29번 체포되었지요. 수많은 저널에 끊임없이 글을 기고했고 5권의 책을 남겼습니다. 5개의 명예 박사 학위를 받았으며, 1963년에는 잡지『타임』이 '올해의 인물'로 킹을 선정했습니다. 잘 알려진 것처럼, 그는 35세(1964)에 역대 최연소로 노벨평화상을 수상했습니다. 상금 54,123달러마저 민권 운동에 기부했습니다. 그의 사후 진행된 부검 결과, 39세였던 킹의 심장은 60세의 것과 같았다고 합니다. 10년의 민권 운동이 남긴 육체의 흔적이었습니다. 정말, 자신의 모든 것을 민권 운동에 쏟아부은 것입니다.

생각 나눔

마틴 루터 킹 2세는 각성한 한 사람의 그리스도인이 어떻게 역사의 물줄기를 바꿀 수 있는지를 분명하게 보여 준 역사적인 인물입니다. 인종 차별이 뿌리 깊은 미국 남부에서 흑인으로 태어남으로써 그의 운명은 이미 결정되었을 것입니다. 그가 목사의 아들로 태어나서 기독교인으로 성장한 것도 그의 인생에 결정적인 영향을 끼쳤겠지요. 또한, 그가 뛰어난 학자들에게 교육을 받았던 것은 예외적인 특권이었습니다. 그가 담임 목회를 시작했던 몽고메리에서 로자 파크스의 사건이 터진 것은 역사의 섭리였을 것입니다. 그가 준엄한 시대의 요청에 겸손히 순종했던 것은 성령의 역사였음이 틀림없습니다. 그리고 그가 결국 총탄에 쓰러진 것은 정해진 결말의 실현이 아니었을까요? 분명히 그의 삶에서 벌어진 사건들은 대부분 우연이었을 것입니다. 반면, 어떤 일들은 그의 자발적인 선택이었고, 마지막 결말은 하늘이 정한 그의 운명처럼 보입니다.

물론, 모든 흑인들이 킹 목사처럼 민권 운동에 뛰어든 것은 아닙니다. 모든 그리스도인이 흑인들 편에 선 것도 아니며, 모든 지식인들이 킹을 지지했던 것도 아닙니다. 심지어 모든 남부의 흑인 목사들이 킹과 똑같은 삶을 산 것도 아닙니다. 그럼에도 순전한 양심과 비범한 지성, 건강한 영성과 놀라운 용기를 소유했던 킹 목사는 처음부터 끝까지 **민권 운동과 반전 운동의** 선두에 섰습니다. 매일같이 협박 전화를 받았고, 수없이 폭행과 살해 위협을 받았습니다. 그럼에도 그는 결코 물러서지 않았습니다. 분명히 한 개인이 감당할 수 없는 십자가였습니다. 거절하고 싶은 독배였겠지요. 하지만 그는 **쉬지 않고 기도하며 동지들과 연대하여 끝까지 왜곡된 의식, 뒤틀린 제도, 타락한 세상**

에 도전했습니다. 그 결과, 세상, 역사, 사람이 바뀌었습니다.

그렇다면 우리는 킹에게 무엇을 배우고, 그의 유산을 어떻게 계승해야 할까요? 먼저, 우리는 명심해야 합니다. 어떤 이유와 상황에서도 차별은 부당하고 옳지 않다는 사실을 말입니다. 전근대와 근대의 가장 분명한 차이가 이런 부당한 차별의 존재 여부가 아닐까요? 그렇다면 킹 목사는 미국을 전근대 사회에서 근대 사회로 전환시킨 인물이며, 천박한 수준에 머물던 미국 기독교를 보편적인 종교로 끌어올린 진정한 개혁자임이 틀림없습니다. 물론 그도 실수했고 오점을 남겼기에, 그를 맹목적으로 추종하거나 우상화하는 일은 바람직하지 않습니다. 하지만 그의 짧았던 생애와 비극적 죽음은 역사를 바꾸기에 충분했습니다. 그는 예언자적인 설교로 인종 차별의 부당함을 널리 알렸을 뿐 아니라, 자신의 죽음으로 그 메시지의 진정성을 입증했기 때문입니다. 그런 맥락에서, 다양한 모양의 배제와 차별로 몸살을 앓는 한국 교회는 구체적인 행동을 취하기 전에 킹 목사를 진지하게 연구할 필요가 있습니다. 교회마저 세상의 논리에 따라 사회적 약자들을 차별한다면, 교회마저 소외된 이들에게 등을 돌린다면, 교회마저 성경과 전통을 인용하며 자신의 부당한 행위를 변명한다면, 하나님의 심판을 피하기 어려울 것입니다. 거지 나사로를 외면했던 부자처럼 말입니다(눅 16:19-31). 우리가 흑인을 포함한 다양한 약자들을 위해 자신의 삶과 생명마저 기꺼이 희생했던 킹 목사를 '진정한 예언자'로 존경한다면, 우리는 일체의 차별에 저항해야 합니다. 이것이 성경을 읽는 이들의 올바른 태도일 것입니다.

둘째, 우리는 단호하게 결단해야 합니다. 아무리 고상한 명분과 숭고한 목적일지라도, 전쟁과 폭력을 결코 용납하지 않겠다고 말입니다. 여전히 교회 안에 구약의 예들을 언급하고 십자군 운동을 떠올리며, 전쟁의 불가피성을 주장하는 이들이 있습니다. 하지만 그들의 주장은 "칼을 쓰는 사람은 모두 칼로 망한다"(마 26:52)라는 예수님의 준엄한 말씀을 스스로 부정하는 것이며, "그들이 칼을 쳐서 보습을 만들고 창을 쳐서 낫을 만들 것이며, 나라와 나라가 칼을 들고 서로를 치지 않을 것이며, 다시는 군사 훈련도 하지 않을 것이다"(사 2:4)라는 하나님의 비전에 정면으로 도전하는 것입니다. 신성모독이며 반성경적 태도입니다.

이 세상에서 폭력으로 해결할 수 있는 일은 없습니다. 폭력 자체가 범죄이기 때문입니다. 전쟁이라는 최악의 방법을 통해 해방과 자유, 심지어 하나님 나라를 실현할 수 없습니다. 악한 방법으로 성취한 선은 더 이상 선이 아니기 때문입니다. 킹 목사가 목숨을 걸고 반대했던 베트남 전쟁은 결국 미국의 추악한 탐욕과 패권주의의 산물이었음이 드러났습니다. 미국 정부와 군대가 반공과 자유라는 화려한 명분하에 무고한 베트남 국민을 잔인하게 학살했다는 사실도 밝혀졌습니다. 오늘날 교회 안 팎에도 '북진 통일', '보복 전쟁' 운운하며 함부로 전쟁을 입에 올리는 사람들이 존재합니다. 무섭고 끔찍한 일입니다. 그래서 우리는 '비폭력 무저항'과 '베트남 전쟁 반대'를 부르짖은 킹의 메시지에 계속 귀를 기울여야 합니다. 그의 사상과 행동에 시대와 지역을 초월한 보편적 진리가 담겨 있기 때문입니다. 역사에서 배우지 못한 민족에게 미래는 없습니다.

묵상과 토론을 위한 질문

1. 킹은 흑인 목회자로서 미국 내에 만연한 인종 차별 문제에 미국뿐 아니라 전 세계의 관심을 집중시켰고, 궁극적으로 이 제도와 관행의 철폐에 결정적인 영향을 끼쳤습니다. 아무도 실현되리라 확신하지 못했던 꿈을 실현한 것입니다. 그렇다면 지금 한국 교회가 포기하지 말고 계속 추구해야 할 꿈은 무엇이라고 생각합니까?

2. 킹이 흑인 민권 운동에 참여하고 베트남 전쟁을 반대했던 공통된 이유는 인간, 특히 약자에 대한 억압과 차별에 근본적으로 반대했기 때문입니다. 한국에도 여러 이유와 기준에 따라 다양한 차별과 편견이 존재합니다. 당신은 한국 교회가 민감하게 감지하고 책임 있게 저항해야 할 한국 사회의 고질적인 차별과 편견은 무엇이라고 생각합니까?

3. 킹이 30대에 총격으로 세상을 떠났을 때, 그의 육신은 거의 60대의 것이었다고 합니다. 민권 운동을 위해 몸과 정신을 모두 쏟아부었기 때문에 생긴 결과입니다. 자기를 부인하고 십자가를 진다는 의미가 이런 것이 아닐까요? 그렇다면 당신은 지금까지 무엇을 위해 최선을 다해 살았으며, 남은 생애는 무엇을 위해 그렇게 살고 싶습니까?

Bibliography
참고문헌

김상근. 『인물로 읽는 교회사』. 서울: 평단, 2007.

_____. 『프란치스코 하비에르』. 서울: 홍성사, 2010.

김승진. 『근원적 종교개혁』. 대전: 침례신학대학교출판부, 2010.

김영태. 『신비주의와 퀘이커 공동체』. 서울: 인간사랑, 2002.

데이비드 벤틀리 하트. 『그리스도교, 역사와 만나다』. 양세규·윤혜림 옮김. 서울: 비아, 2020.

로버츠 리어돈. 『치유사역의 거장들』. 박미가 옮김. 서울: 은혜출판사, 2004.

루돌프 브랜들레. 『요한 크리소스토무스』. 이종한 옮김. 왜관: 분도출판사, 2016.

마크 갈리. 『성 프란체스코』. 이은재 옮김. 서울: 예경, 2006.

박설호. 『라스카사스의 혀를 빌려 고백하다』. 서울: 울력, 2008.

박창훈. 『존 웨슬리, 역사비평으로 읽기』. 서울: 대한기독교서회, 2007.

배덕만. 『복음주의 리포트』. 논산: 대장간, 2020.

_____. "교회론적 관점에서 본 소종파 운동: 재세례파, 퀘이커, 형제단," 『탈교회』. 김동춘 책임편집. 서울: 느헤미야, 2020.

스콧 헨드릭스. 『마르틴 루터』. 손성현 옮김. 서울: IVP, 2017.

아타나시우스. 『성 안토니의 생애』. 안미란 옮김. 서울: 은성, 1993.

월터 클라센. 『가톨릭도 프로테스탄트도 아닌 아나뱁티즘』. 춘천: KACP, 2017.

윌리스턴 워커. 『기독교회사』. 송인설 옮김. 일산: 크리스천다이제스트, 2004.

장 클로드 카리에르. 『바야돌리드 논쟁』. 이세욱 옮김. 서울: 샘터, 2007.

제임스 H. 콘. 『맬컴 X vs. 마틴 루터 킹』. 정철수 옮김. 서울: 갑인공방,

2005.

조지 폭스. 『조지 폭스의 일기』. 문효미 옮김. 서울: 크리스천다이제스트,
　　2012.

존 줄리어스 노리치. 『교황 연대기』. 남길영 외 옮김. 서울: 바다출판사,
　　2014.

_____. 『비잔티움 연대기 I』. 남경태 옮김. 서울: 바다출판사, 2007.

코넬리우스 딕. 『아나뱁티스트 역사』. 김복기 옮김. 대전: 대장간, 2013.

토마시 부타. 『체코 종교개혁자 얀 후스를 만나다』. 이종실 옮김. 서울: 동
　　연, 2016.

케네스 콜린스. 『존 웨슬리의 생애』. 박창훈 옮김. 부천: 서울신학대학교출
　　판부, 2009.

페르난도 우리베. 『당신을 위한 성 프란체스코』. 김이정 옮김. 서울: 프란치
　　스코 출판사, 2020.

P. G. 맥스웰-스튜어트. 『교황의 역사』. 박기영 옮김. 서울: 갑인공방,
　　2005.

한스 크리스티안 후프 엮음. 『교황들: 하늘과 땅의 지배자』. 김수은 옮김. 서
　　울: 동화출판사, 2009.

헨리 나우웬. 『상처 입은 치유자』. 최원준 옮김. 서울: 두란노, 2022.

Estep, William R. *The Anabaptist Story: An Introduction to Sixteenth-Century
　　Anabaptism*. Grand Rapids, MI.: William B. Eerdmans Publishing
　　Company, 1996.

Heitzenrater, Richard P. *Wesley and the People Called Methodists*. Nashville:
　　Abingdon Press, 1995.

Polidoro, Gianmaria. *Francis of Assisi*. trans. by Benet A. Fonk ofm. Assisi:
　　Edizioni Porziuncola, 2017.

Sutton, Matthew Avery. *Aimee Semple McPherson and the Resurrection of
　　Christian America*. Cambridge, MA.: Harvard University Press,
　　2007.

Washington, James M. *A Testament of Hope: The Essential Writings
　　and Speeches of Martin Luther King, Jr.* New York, NY.:
　　HarperSanFrancisco, 1986.